전북대학교 로스쿨 교수 20인이 말하는

로스쿨 법학 공부 방법론

전북대학교 로스쿨 교수
20인이 말하는

로스쿨
법학공부
방 법 론

합격을 만드는 사람들
패스메이커
Passmaker

| 머릿말 |

로스쿨 3년의 공부를 어떻게 할 것인가? 로스쿨의 공부, 그리고 이어지는 변호사 시험의 합격에 대한 부담이 점점 더 가중되고 있는 현실에서 3년의 짧은 시간 동안 '어떻게 공부하는 것이 가장 효율을 극대화시킬 수 있는 방법일까'라는 고민에 대한 답이 이 책이라 말할 수 있다. 그리고 그 방법들은 각각의 전공과목 교수들이 제시해주고 있다.

2009년 법학전문대학원(로스쿨) 체제의 도입과 동시에 로스쿨 설치대학에는 기존의 법과대학이 폐지되었고, 그런 이유로 로스쿨에 진학하는 학생들은 법학 과목을 거의 접해보지 못한 다양한 전공 출신들로 채워져 있다. 이들에게 있어 로스쿨 진학 후 생소한 법학 과목, 그리고 다양한 세부 전공과목의 특성을 알고서 원활히 공부에 임하리라고 기대하기는 쉽지 않다.

또한 로스쿨의 공부 기간은 3년 내에 모든 과정이 이루어져야 하고, 변호사 시험을 거쳐 변호사 자격이 주어진다. 이는 과거 사법시험 체제에서 법과대학 수학과 장기간의 수험 생활을 통해 사법시험 합격에 도달하는 것에 비추어 대단히 짧은 시간 내에 변호사 업무를 수행하기에 필요한 지식을 습득할 것을 요구하고 있다. 이는 쉽지 않은 현실이고, 실제로 다양한 학부 전공을 가진 로스쿨 생들이 3년간의 로스쿨 생활을 통해 변호사 시험을 치르기에는 시간이 많이 부족하다고 호소하고 있다. 이러한 점을 고려한다면 3년의 단기간 내에 시행착오를 거치지 않고서 해당 법률 과목의 지식을 충분히 습득할 수 있도록 하는 효율적인 공부 방법이 필요하다.

이 책은 그와 같은 문제의식을 가진 여러 전공의 법학 교수들이 공동으로 기획하여 자신의 공부 방법이나 경험, 자신의 전공과목의 특성에 맞는 공부법을 전수해주고자 마련한 것이다. 로스쿨에서 실제 강의를 진행하고 있고, 각 과목의 변호사 시험 출제위원이기도 한 교수들의 이야기는 학생들이 효율적으로 법학 지식을 습득하여 변호사 시험에 합격하는 데 큰 도움을 줄 수 있을 것이다. 로스쿨을 준비 중에 있거나 이제 갓 로스쿨에 진학하여 처음으로 법학 공부를 시작하는 친구들에게 이 책은 법학 공부와 변호사 시험공부에 있어 훌륭한 안내서가 될 것이다.

이 책의 구성은 대강 다음과 같다.

첫째, 서론이라 할 수 있는 법학 공부 일반론(제1장)에서는 법학 공부의 기본이라 할 수 있는 법규와 판례, 그 외 법률 정보에 대한 소개와 접근 방법을 다루었다. 이 장에서는 법학의 기본이라 할 수 있는 법적 논리의 함양 방법에 대한 일반적인 접근법을 다루고 있다.

둘째, 본론인 전공별 공부 방법론(제2장)에서는 각 과목의 전공 교수들이 자신의 전공 분야에 대한 공부 방법론을 기술하고 있다.

알려진 대로, 현재의 변호사 시험은 종래의 사법시험에 비해 학생들에게 훨씬 가중된 공부를 요구하고 있다. 사법시험은 1차(객관식), 2차(사례와 논술형)로 나누어서 학생들이 각 시기에 맞게 연 단위로 시험을 단계적으로 준비할 수 있도록 했으나, 현재의 변호사 시험은 한 번의 시험에서 객관식, 사례형, 기록형 등의 전 유형의 시험을 치르도록 하고 있다. 이에 따라 더욱 효율적인 공부가 필요하며 특히 로스쿨 체제의 도입과 함께 새로 추가된 유형인 기록형 시험(실무 능력 측정)에 대해서는 별도의 준비가 필요하다. 이러한 사항들에 대비할 수 있도록 하는 구체적인 공부 방법론이 각 과목별로, 시험 유형별로 제시되어 있다. 특히 기록형 시험의 경우 이론적인 지식을 실무적인 형식에 맞게 적용하는 구체적인 공부 방법들이 제시되어 있다.

또한 특별히 로스쿨의 과목에는 로스쿨 생들이 전문 분야로 특성화하고자 하는 선택과목들(노동법, 경제법, 지적재산권법, 환경법, 국제법, 국제거래법, 사회법 등)이 다수 존재하는데, 이러한 과목들에 대해서는 담당 전공 교수가 그 과목의 특성을 소개하고 그에 맞는 공부 방법론을 제시해주고 있다. 이를 통해 학생들은 자신의 전공 분야를 선택하는 데 도움을 받을 수 있을 것이다.

그 외 로스쿨에 진학하여 처음으로 치르게 되는 법조윤리시험의 준비를 돕기 위해서 그 과목의 특성과 공부법을 소개하였고, 변호사 양성기관인 로스쿨의 특성에 걸맞게 도입된 실무 과목인 법문서 작성법을 소개하는 글을 실었다.

이 책이 나오게 된 데에는 전북대학교 법학전문대학원에 재직하고 계신 여러 교수님들의 수고가 있었다. 참여해 주신 모든 교수님들께 감사드리며 아무쪼록 이 책을 통해 우리 학생들이 법학 공부를 하는 데 있어 조금이나마 어려움을 덜게 되기를 바라고, 또한 좀 더 효율적으로 공부할 수 있는 방법을 터득하여 모두들 변호사 시험에 합격하는 영광을 누리기를 소망한다. 이 책을 통해 로스쿨 3년의 시간이 알찬 학습의 시간이 될 수 있기를 바라며, 훌륭한 법률가로 성장하는 데 미력한 도움이라도 될 수 있기를 바란다.

2017년 4월

집필진을 대표하여

김성진

| 목차 |

제1장

법학 공부 방법론 일반

제1절

서설

김민중

전북대학교 명예교수, 법학박사, 민법 전공

법학을 공부하는 최상의 방법이 있다고 하면 얼마나 좋을까? 공부에 왕도(royal road)가 없다시피 법학에도 왕도는 없다. 어쩌면 왕도를 찾아 법학을 공부하려다 보면 미로에 빠져 우왕좌왕 방황하거나 결국은 좌절하고 마는 경우도 많다. 예컨대, 독일을 보면 이른바 「법학방법론」(Juristische Methodenlehre)이라고 하는 독립된 법학 분야가 형성되어 있기도 하나, 독일에서 말하는 법학방법론은 일반적으로 해석을 통한 법규범이나 법률행위의 의미를 탐구하는 작업을 가리키며, 흔히 우리가 법학 공부 방법이라고 할 때와는 그 내용이 아주 다르다. 그리고 국내에서는 보통 법학 공부 방법이라고 할 때에는 변호사 시험과 같이 변호사라고 하는 전문 자격을 취득하기 위한 시험의 합격에 필요한 학습 방법을 의미한다고 이해되는 경우가 많아서 독일 등 외국에서 정립된 법학방법론을 직접적으로 참고하여 법학 공부 방법을 설명하기도 어렵다.

법학 공부 방법에 대한 일반적인 해답을 찾을 수 없는 상황에서 변호사 시험의 준비가 필요한 로스쿨 학생에게 참고삼아 들려줄 수 있는 내용으로 법학 공부 방법을 몇 가지 제시하고자 한다.

제2절

방법론

1. 「삼단논법」의 적용

삼단논법이란 예컨대, '① 모든 인간은 죽는다, ② A는 인간이다, ③ 고로, A는 죽는다'와 같이, 전제가 되는 2개의 명제(모든 인간은 죽는다, A는 인간이다)로부터 새로운 결론(A는 죽는다)을 이끌어 내는 방법을 가리킨다. 본래 법학에 대한 공부는 대부분 법률적용에 대한 학습이며, 법률적용은 법률 규정에 사회생활에서 일어나는 구체적 사건을 적용하는 과정을 의미한다. 그러므로 법학 공부의 시작과 끝이 삼단논법 사고의 훈련이라고 할 수 있다. 추상적 구성요건을 정하고 있는 법률 규정(대전제로서의 명제)에 사회생활에서 구체적으로 일어난 사실관계 내지 사건(소전제로서의 명제)을 적용하여 새로운 결론으로서 법률 효과를 찾아내는 과정이 법학 학습이라고 할 수 있다.

다음의 사례를 생각해 보자. 애견협회 대표이사 A가 개犬에게 자신의 모든 유산을 물려준다고 유언을 하였다. A의 유언은 유효한가?

우선, 사례를 「개犬 유증 사건」이라고 이름을 붙이고 생각하면, 실제로 개에게 자기의 재산을 남겨준다고 유언한 사람이 많아 동물도 유산을 상속하거나 유증을 받을 수 있는지 여부를 놓고 법적 논란을 일으킨 경우가 있다(미국에서도 억만장자가 애완견에게 1,200만 달러(약 120억 원)의 유산을 남겨 논란이 된 경우가 있고, 중국에서도 선팅메이申庭美라고 하는 노인이 사망하기 9년 전부터 함께 생활한 개가 노인의 몸이 불편하면 바로 사람을 불러오는 등 자식 이상의 효도를 하여 96세에 노환으로 숨질 때에 자기의 전 재산을 개에게 물려준다는 유언을 남긴 경우가 있다).

개犬 유증 사건에서 사실 생각할 문제는 많다. 예를 들어 A가 유언능력을 가지고 있는지, 유언의 형식이 적법한지 등과 같은 문제도 있다. 그리고 개의 수증 능력이 문제된다. 그러므로 구체적으로는 유언능력이나 유언의 법정 형식에 대하여도 논의가 필요하나, 비록 유언능력이나 유언의 법정 형식을 갖추고 있더라도 개에게 수증 능력이 없다고 하면 유언이 무효이므로, 개의 수증 능력 여부가 중요하다. 개에게 수증 능력이 있는지 여부에 대한 판단이 먼저 요구된다. 개의 수증 능력 여부에 대하여 삼단논법을 적용하면 어떻게 될까? 삼단논법으로 생각하면 법률적 구성요건을 대전제로 하고 구체적 사실관계를 소전제로 하면서 대전제에 소전제를 포섭하여 결론으로 구체적 사건에 대하여 법률이 인정하고 있는 법률효과를 끌어내야 하므로, 우선 소전제로서 사실관계를 확정한 후에 대전제인 법률 규정을 찾아내 법률효과로서 결론을 끌어내야 한다.

- 대전제: "사람은 생존한 동안 권리와 의무의 주체가 된다"(민법 제3조).
- 소전제: A가 개에게 유언으로 재산을 물려준다.
- 결　론: 사람(법인도 포함)만이 권리능력을 가지며, 동물은 권리능력이 없으므로, 개가 유증을 받을 수는 없다.

민법이나 다른 법률에 동물의 권리능력을 인정하는 규정이 없다. 역시 동물의 권리능력을 인정하는 관습법도 존재하지 않으므로, 동물 자체는 비록 애완견과 같은 반려동물이더라도 권리의 귀속 주체가 될 수 없다. 개에게 유산에 대한 소유권을 직접적으로 귀속시킬 수는 없다. 다만 개에게 물려준 재산으로 재단(재단법인 혹은 권리능력이 없는 재단)을 만들거나 다른 사람에게 유산을 신탁하는 방법(신탁법 참조)으로 유산을 개의 생활이나 이익을 위하여 사용하게 할 수 있을 뿐이다.

2. 리딩 케이스(leading case) 중심의 공부

본래 미국식 로스쿨에서는 판례를 중심으로 한 케이스 메소드(case method)가 법학 교육의 핵심이다. 물론 미국의 경우에 케이스 메소드는 이른바 리딩 케이스(leading case)를 중심으로 이루어지고, 리딩 케이스는 말 그대로 수많은 판례(case) 중에서 기준적인 의미를 가지고 있거나, 선도적 역할을 하는 판례를 가리킨다. 그리고 로스쿨을 다닌 사람이라고 하면 누구나 알고 있는 대표적인 리딩 케이스가 있다. 어느 로스쿨을 다니든 어느 정도는 통일적으로 학습되는 일반적인 리딩 케이스가 있다. 예컨대, 영화 「하버드의 공부벌레」(The paper chase)에 소개된 판례로 유명하며 미국의 로스쿨에서 계약법을 공부할 때 빠짐없이 거론되는 「호킨스 대 맥기 사건」 Hawkins v. McGee, 84 N.H. 114, 146 A. 641 (N.H. 1929), 명예훼손과 관련하여 이른바 공인이론公人理論을 확립한 「뉴욕타임즈 사건」 New York Times Co. v. Sullivan, 376 US 254(1964), 제조물책임과 관련하여 국내에서도 많이 소개된「그린맨 사건」Greenman v. Yuba Power Products, Inc. 50 Cal. 2d 57, 377 P. 2d 897(1963) 등이 있다.

독일의 경우에도 거의 마찬가지다. 독일에서 법학을 공부한 학생치고 예컨대, 청약의 유인과 관련한「쇼윈도우 사건」(Schaufensterfall), 사실적 계약관계 이론과 관련한「함부르크주차장 사건」(Hamburger Parkplatzfall), 이른바 오표시무해誤表示無害의 원칙과 관련한「상어고기 사건」(Haakjöringsköd-Fall), 계약 체결상의 과실책임이나 제3자를 위한 보호효가 있는 계약과 관련된「채소잎 사건」(Salatblattfall) 등을 알지 못하는 학생은 없다.

국내에도 예컨대, 계약법 혹은 불법행위나 손해배상책임과 관련된 수없이 많은 판례가 있으나, 강의하는 교수마다 소개하는 판례도 천차만별이다. 어떤 법적 문제에 대하여 결정적 의미를 가진다고 일반적으로 인정되는 리딩 케이스가 정하여져 있지는 않다. 오히려 리딩 케이스라고 소개되는 판례와는 다른 판례를 들고 나오는 경우도 있다. 국내의 법학 교육에서도 어느 분야이든, 민법이든 형법이든 공법이든 누구나 공부하는 리딩 케이스가 확립될 필요가 있다. 사실 각 판례의 사실관계는 대단히 복잡한 경우가 많다. 그러므로 복잡한 사실관계를 간단하게 각색하여 예컨대 민법의 각 논점에 적합한 리딩 케이스를 만들고, 그 리딩 케이스를 중심으로 법 원칙이나 법 이론이 설명되어야 한다. 법학 학습을 할 때에도 그 리딩 케이스를 중심으로 법학 학습의 내용을 정리할 필요가 있다.

판례법이 중심인 미국과 달리, 국내에서는 법학 학습을 위한 리딩 케이스를 판례에 의존할 수만은 없다. 법학을 연구하고 가르치는 교수를 중심으로 각 법학 분야에 대한 리딩 케이스를 정하고, 그 리딩 케이스를 중심으로 법학 교육이나 법학 공부가 이루어지면 충분하다고 본다. 아직 리딩 케이스에 관한 충분한 논의가 진행되지 않고 있는 상황에서는 법학 학습을 하는 학생 스스로 각 법적 논점마다 리딩 케이스를 정하고, 그 리딩 케이스를 중심으로 법학 학습을 할 필요가 있다. 민법의 경우에는 계약법이나 불법행위, 손해배상책임, 물권법 등을 중심으로 적어도 100개 정도의 리딩 케이스를 기억하면 충분하다.

3. 판례 위주의 학습

법학 공부에서 판례에 대한 학습은 아무리 강조하여도 지나치지 않다. 반드시 미국 법학 교육의 핵심이라고 할 수 있는 랑델식 케이스 메소드가 아니라고 하여도, 판례 학습은 세계 어디에서나 법학 교육의 근간을 이룬다. 개념법학의 본산이라고 하는 독일에서도 역시 판례 연구는 법학 교육의 기본에 해당한다. 독일 법학에서도 법학 공부는 판례로 시작하여 판례로 끝난다고 해도 과언이 아니다. 법학을 공부하는 모든 학생이 어떤 문제를 거론할 때에는 항상 개념보다는 가령 BGH(연방대법원) NJW(법률잡지) 몇 년 몇 면에 실린 판례가 무슨 문제에 대하여 어떤 내용의 판결을 내리고 있다고 설명하는 경우를 보면 판례가 독일 법학에서도 아주 중요한 역할을 한다는 사실을 알 수 있다. 물론 독일 국가시험(Staatsexamen)의 시험문제(물론 모두 장문의 케이스형)도 최근에 나온 중요 판례(리딩 케이스)에서 출제되는 경우가 많다.

국내의 법학 교육에서는 판례에 대한 관심이 - 다른 외국과 비교하여 - 대단히 부족하다고 평가되고 있다. 흔히 한국의 법체계가 대륙법계라고 하는 이유로 판례는 별로 중요하지 않고 무시하여도 좋다고 하는 소리를 듣는 경우까지 있다. 전에는 법학을 공부하면서도 학업을 마칠 때까지 판례 1편도 제대로 읽지 않고 졸업한 학생도 적지 않다. 물론 로스쿨이 되면서 종래의 법과대학 시절이나 사법시험을 공부할 때보다는 판례에 대한 관심이 증대하고 있다고 평가할 수 있다. 그러나 현재도 판례 학습이 많은 경우에 법적 사고, 즉 이른바 리걸 마인드(legal mind)의 함양을 위한 공부가 아니라, 오로지 변호사 시험을 위한 판례 공부, 즉 1차 객관식 문제의 지문이 맞는지 틀리는지를 확인하기 위한 판례 요지의 암기가 판례 학습의 전부이거나, 혹은 2차 사례 시험문제에 출제될 만한 판례를 위주로 논점에 대한 결론을 그대로 암기하는 정도에 그치는 경우가 많다.

판례에 대한 공부가 판례 그 자체의 학습에 그쳐서는 안 된다. 판례 학습은 판례 그 자체에 대한 암기가 아니라, 그 본질은 판례 속에 들어 있는 법 원칙에 대한 학습이 되어야 한다. 판례 속에 녹아 있는 법 원칙을 발견하고, 그 법 원칙이 사회에서 일어날 수 있는 유사한 사실관계에 대하여 어떤 의미를 가지는지를 탐구하는 작업이 판례 학습이 되어야 한다. 예컨대, LX 법고을과 같은 데이터 베이스를 이용하면 얼마

든지 모든 판례를 바로 바로 찾을 수 있는 상황에서 판결 요지만을 암기하는 판례 학습이 도대체 무슨 의미가 있을까? 자기 핸드폰에 깔린 앱(예컨대, 대한민국법원, 국가법령정보, 로앤비 등)을 통하여 누구나 언제 어디서든 원하는 키워드를 통하여 판례를 찾을 수 있으므로, 굳이 어떤 판결 요지를 암기하고 있는지 아닌지 여부가 중요할 필요가 없다. 중요한 문제는 사회에서 우연히 생긴 어떤 사실관계 내지 사건에 대하여 적용되어야 할 법 규정에 관하여 어떤 해석을 하고 있는지, 그 판례와 이전의 다른 판례와의 관계, 그 판례가 천명하고 있는 법 원칙 등과 같은 내용을 종합적으로 공부하여야 한다.

여하튼 판례 학습이 판결 요지만을 암기하는 수준에 그쳐서는 안 된다. 단순히 판결 요지만을 암기하는 학습은 의미가 없고, 지양되어야 한다. 판례 공부를 할 때에는 먼저 사실관계를 철저하게 정리하고, 그 사실관계에서 어떤 법적 문제가 제기되는가, 그 문제의 해결을 위하여 어떤 법적 근거가 고려되는가, 학설이나 판례는 어떤 태도를 취하고 있는가, 과연 판례가 취하고 있는 태도가 타당한가 등을 전체적으로 검토하여야 한다.

4. 충분한 사례 풀이 연습

전통적으로 법학 공부 방법의 큰 축의 하나는 이른바 「사례풀이방법」 혹은 문제해결방법(problem method)이다. 본래 사례풀이방법이란 사례를 학습 재료로 삼아 법학 이론을 공부한다는 의미이다. 로스쿨의 교과과정상에서는 민법연습 등과 같이 이른바 연습 과목에서 주로 사례 풀이 학습을 한다고 여겨지나, 어쩌면 굳이 연습 과목이 아니라고 하더라도 법학 공부 자체가 어느 측면에서는 사례 풀이와 관련이 된다.

사례 풀이에서 주어지는 질문의 형태는 일정하지 않고, 매우 다양하다. 대별하자면, (i)「甲과 乙 간의 법률 관계는?」 혹은「A · B · C 3인 간의 법률 관계는?」과 같은 형식으로 질문이 주어지는 법률 관계형, (ii)「A는 B에 대하여 어떤 청구를 할 수 있는가?」,「甲은 乙에 대하여 토지의 반환 및 등기의 말소를 청구할 수 있는가」 혹은「甲은 乙에 대하여 계약상의 책임을 물을 수 있는가」와 같은 형식으로 묻는 청구형, (iii) 구체적인 사례를 들고「각 문제에 관하여 설명하라」고 하는 형식으로 묻는 문제 설명형, (iv) 구체적인 사례를 제시하고「甲의 입장에서 생각할 수 있는 주장과 乙의 입장에서 생각할 수 있는 반론을 들어 논하라」와 같은 주장 · 반론형, (v)「甲의 乙에 대한 책임의 유무 및 생각할 수 있는 각종의 근거에 대하여 설명하라」와 같은 근거 설명형, (vi) 어떤 사실관계를 제시하고「甲의 등기가 유효로 될 수 있는 몇 가지의 법률 관계를 지적하라」와 같은 결론 유도형 등이 있을 수 있다.

어떤 사례 문제이든 하나의 법적 논점만이 문제되는 경우는 드물고, 항상 여러 법적 논점이 등장한다. 그러므로 우선 사례 풀이를 할 때에는 사안 내지 사실관계를 면밀히 분석하여 언급되어야 할 법적 논점을 찾아내야 한다. 다만 변호사 시험에서 사례 문제를 풀 때는 정해진

지면 위에 일정한 시간 내에서 법적 논점을 논하여야 하므로, 「필요한 범위」로 사례 문제의 내용을 제한하여야 한다. 「필요한 범위」를 벗어난 논술은 아무리 그 내용이 옳다고 하더라도 무의미하다.

중요한 법적 논점을 파악한 경우에는 각 논점별로 문제 제기가 있어야 한다. 문제 제기에서는 당해 논점에서 법적으로 어떤 문제가 있는지를 명확하게 제시하여야 한다. 가끔 문제의 제기를 무시하고 사례 풀이를 하는 경우가 있으나, 문제 제기를 통하여 먼저 파악된 사실관계나 사안에 어떤 법적 문제가 들어 있는지를 알아야 한다.

제기된 법적 문제 내지 논점에 관하여 본격적으로 논증하는 작업을 하여야 한다. 각 논점별 내지 문제별로, 제시된 사례 문제에서 제기된 법적 논점에 관하여 관련되는 법 조항, 즉 법률상의 규정이 있는가, 그 규정이 어떤 내용을 규율하고 있는가, 그 규정에 대한 해석과 관련 법이론이나 판례 이론은 무엇인지 등을 살펴보아야 한다. 흔히 법적 논점에 대해 논증할 때에 관련 조문을 간과하는 경우가 있으나, 각 논점에 대한 논증에서 그 출발점은 항상 관련 조항이 되어야 한다. 그리고 논점에 관한 법 규정의 해석과 관련하여 학설상 대립은 있는지, 있다면 무슨 무슨 학설이 전개되고 있는지, 각 학설의 근거나 논거는 무엇이고 학설 대립상 어느 위치에 있는지(예컨대, 통설인지 혹은 다수설 · 소수설인지)를 논술하여야 한다. 또한 혹시 관련되는 문제에 관하여 판례, 특히 대법원의 판례는 있는지, 판례는 어느 입장을 취하는지를 검토하여야 한다. 물론 결론적으로는 제기된 논점에 관하여 개인적으로는 어떤 이유로 어느 입장을 취하며, 특히 판례가 취한 입장에 동조하는지, 아니면 반대하는지, 왜 그 견해가 타당하다고 보는지를 학습하고 정리하여야 한다.

결론은 항상 문제 제기와 논증에서 언급된 내용을 중심으로 최초에 한 문제 제기에 대응하는 형식으로 하여야 한다. 예를 들어, 문제 제기를 「갑은 을에 대하여 대금 청구를 할 수 있는가」라고 하는 형식으로 한 때에는 시효 소멸로 인하여 더 이상 「갑은 을에게 대금 청구를 할 수 없다」와 같은 형식으로 각 논점에 관한 결론을 언급하여야 한다.

5. 수험 스킬(skill)

가. 항목으로 적절히 구분하여 서술의 체계를 세워라.

전혀 항목을 나누지 않고 수필처럼 답안을 작성하는 수험생이 간혹 있다. 그러나 먼저 큰 항목을 문제의 제기, 학설이나 판례, 인정 요건이나 인정 범위, 효과 등과 같이 구분하여 정하고, 그 큰 항목에 다시 세부적으로 작은 항목을 만들고, 그 작은 항목마다 제목을 붙이는 답안이 보기에 좋다.

나. 본질과 무관한 내용으로 시간과 지면을 낭비하지 말라.

묻는 문제나 사례의 본질과는 전혀 관계없는 내용을 너무 장황하게 늘어놓는 일은 무익 · 유해할 뿐이다. 무엇이 문제의 본질인가를 파악하고 핵심적으로 논의가 되어야 할 내용만을 기술할 필요가 있다. 본질과 무관한 부분에 관한 너무 자세한 설명에 노력의 절반 이상을 허비한 답안이 있으나 결코 잘된 경우라고 평가될 수 없다. 전혀 문제의 본질과는 상관없는 내용에 정력을 쓸데없이 소비하고, 정작 자세하게 논술하여야 할 내용에 관하여는 불과 몇 줄밖에 언급하지 않은 경우에는 어쩌면 과락을 면하기도 어렵게 될 수 있다.

다. 독단적 결론을 내리지 말라.

너무 성급한, 독단적인 결론을 내려서는 안 된다. 특히 학설 · 판례의 견해를 추측으로 속단하여서는 안 된다. 학설상 다수설인지 수소설인지에 관하여 신중한 판단을 하여야 하고, 판례의 견해에 관하여 정확한 이해를 하고 기술을 하여야 한다. 예를 들면, "현재 학설상 부정하는 견해는 거의 없다"라든지 혹은 "대법원 판례는 아직 없다"와 같이 전혀 객관적 사실과 다른 주장을 함부로 하여 스스로 감점 요인을 만들지 않도록 주의하여야 한다.

제2장

전공별 공부 방법론

제1절

헌법 공부 방법

송기춘

전북대학교 법학전문대학원 교수, 법학박사, 헌법 전공

1. 헌법은 어렵다?

흔히 여러 법 과목 가운데 헌법을 공부하기가 어렵다고들 한다. 물론 예외(?)도 있어서 헌법이 가장 흥미롭다는 이들도 있긴 하지만, 어렵다고 하는 사람들이 많은 게 사실이다. 그러나 헌법은 어려울까? 어렵다면 왜 어렵다고 느끼게 될까? 이 과목을 잘 공부하는 방법은 무엇이 있을까?

헌법이 어렵다고들 하지만, 사실은 법의 여러 분야 가운데 가장 오랫동안 배워온 분야이기도 하다. 초등학교 또는 그 이전부터 선거나 새로운 대통령의 취임 또는 의미 있는 법원의 판결 등이 있으면 교실에서나 신문과 방송 등에서도 헌법에 관한 얘기를 쉽게 들을 수 있었기 때문이다. 요즘에도 굳이 헌법학 교과서가 아니더라도 국회에서 청문회 제도를 활성화하는 개정 법안과 관련하여 대통령의 거부권 행사와 관련하여 법률안의 효력이나 법률안의 위헌성에 관한 논란이 펼쳐지고 있다. 그만큼 헌법은 오랫동안 가까이에서 접하며 살아온 법 과목이기도 하다. 그런 법 과목이 왜 제일 어렵다는 소리를 들어야 할까?

2. 헌법이 어렵다고 느끼는 이유는 뭘까?

가. 구체적 맥락이 사장된 서술이나 설명

헌법 과목은 '뜬구름 잡는 식의 얘기만 한다'는 불평을 하는 사람들이 있다. 예를 들어, 기본권의 제3자적 효력에 관한 논의나 기본권보호의무 등에 관한 복잡한 논의를 보면, 실제 사례에서 그다지 쓸모도 없을 것 같은데 그마저 이해하기 힘든 내용으로 펼쳐진다. 그러니 헌법 이론이 중심이 되어 헌법 공부가 공중의 뜬구름 잡기 만큼이나 어렵게 되어 버리는 것이다. 그러나 헌법학의 많은 내용이 어렵게 느껴지는 이유는 '뜬구름 잡는 얘기' 같은 이론의 구체적인 역사적 · 현실적 맥락을 버려둔 채 이론을 독립하여 설명하려 하기 때문이라고 생각한다. 이론에 대한 설명이 부족하기 때문에 추상적인 개념이나 이론을 쉽게 이해하려 해도 할 수가 없는 것이다. 그러니 추상적인 개념이나 이론을 쉽게 이해하려면 그것의 구체적 맥락을 알고 접근하는 게 필요하겠다.

나. 헌법적 주제에 대한 관심의 부족

또 다른 이유는, 헌법학에서 주요 연구 대상으로 삼는 주제에 대해 관심이 적은 걸 들 수 있다. 당초 정치에도 국가 생활에도 관심이 없던 사람이라면, 헌법에서 다루는 수많은 쟁점에 관한 논의가 왜 그렇게 복잡해야 하는지 이해하기 어렵고, 나아가 무엇이 옳고 그른지를 밝히려고 그 논의 속으로 들어갈 엄두를 내지 못할 게 분명하다.

반면, 돈을 떼여본 적이 있거나, 임대하여 살고 있는 집에서 이사하려 했는데 집주인이 보증금을 내어주지 않거나 집이 경매로 넘어가게 되어 보증금을 어떻게 회수할 수 있는지를 고민하는 사람이라면 사람 사이의 돈이나 물건의 거래에 관하여 관심이 깊지 않을 리 없다. 헌법에서 다루는 주요 주제가 인간의 삶과 사회생활 그리고 국가의 문제이니 인간의 인간나운 삶이나 국가나 사회가 적대적 태도를 보이는 외로운 소수자의 삶에 관한 고민이 없거나 자유로운 사회생활 그리고 인간의 자유로운 삶을 보장하는 국가기구에 대해 진지한 고민을 해 보지 않았다면, 그리도 치열하게 다투는 헌법학에서의 이론적 대립이 무슨 얘길 하려 하는지 알 도리도 없다. 이해한다고 해도 밋밋한 지식을 암기하는 정도에 그치게 될 것이다.

다. 헌법 공부에 필요한 시간

게다가 헌법 공부에 많은 시간을 사용하지 않는다는 것도 헌법 공부가 힘들다고 말하는 이유가 아닌가 생각한다. 처음 읽으면 이해가 어렵고, 두 번 또는 세 번 읽고서야 비로소 그 의미가 뭔지를 알 수 있는 내용을, 그냥 강의 시간에 처음 듣는데 그 얘기가 쉽다면 거짓말이 될 것이다. 그렇게 이해될 수 있는 내용이라면 굳이 강의실에서 없는 시간 들여 가르칠 필요도 없을 것이다. 다들 어렵다 하는 과목을 공부하기 위해 통상적으로 들이는 시간을 들여 공부해도 여전히 어렵다면 그때서야 진짜 헌법이 어렵다는 소리를 할 수 있을 것이다. 그런 말을 할 정도로 헌법을 공부해 봤는가?

3. 헌법 공부는 어떻게 하여야 할까?

헌법 공부에 왕도는 없다. 가장 좋은 것은, 꾸준히 헌법적 주제에 대해 많이 읽고 논리적으로 생각하고 토론하고 쓰는 것이다. 그리고 주제에 대해 머리만 아니라 가슴으로 느끼고 공감하고 때로는 분노하는 게 필요하다. 찬란한 논리적 언변은 머리의 작품이 아니라 가슴에서 나오는 것이기 때문이다. 스스로 자신만의 공부법을 터득하였으리라 생각하지만, 그동안 헌법을 가르치면서 공부에 도움이 되겠다 싶은 방법을 얘기하고자 한다. 헌법 공부를 하려면 이런 것에 유의하기 바란다.

가. 헌법학에 관한 정평 있는 교과서를 꼭 여러 번 읽기 바란다.

여기서 어떤 책을 거론하지는 않겠다. 하지만, 학계에서 이름 있는, 또 수험생들에게도 좋은 평가를 받는 책이라면 어떤 책이라도 무방하다. 그 책의 저자와 대화하듯이 책을 읽으면 좋겠다. 어느 책을 택하여 그 책에서 쓰고 있는 내용을 빠짐없이 이해할 수 있는 수준에 이르렀다면 다른 어떤 책도 충분히 이해할 수 있는 경지에 다다른 것이라고 단언할 수 있다. 특히 1학년 시기에는 이 점이 중요하다.

간혹 수험용 정리서 또는 모든 수험서의 내용을 모아 놓은 두꺼운 책을 처음에 읽는 경우가 있으나 금할 일이다. 이런 책은 기본 교과서와 달리 여러 책의 내용을 모아 놓은 것에 지나지 않는 경우가 많고, 때로는 모순되는 내용이 버젓이 함께 실리기도 한다. 원래 그런 책의 목적이 어느 것 하나 빠지지 않는 종합적인 지식종합상자를 지향하기 때문이다. 그런 책을 통해 체계적이고 모순 없이 이론을 이해해 가는 작업은 어려울 수밖에 없다.

아주 간략하게 요점을 정리한 책도 마찬가지다. 이런 책은 어느 정도 공부가 된 상태에서 지식을 체계적으로 정리하는 시점에나 유용한 것이다. 처음부터 시험 대비 요점 정리 중심의 공부를 하면 공부의 양과 질이 시험에서 벗어나지 못한다.

나. 인터넷 강의도 도움만 되는 것은 아니다.

인터넷 강의가 때로 수업을 보충하여 공부에 도움이 되기도 한다. 수업의 내용을 복습하는 데 유용하기도 하고 더 충실하게 설명을 해 주기도 하기 때문이다. 그러나 인터넷 강의는 자칫 잘못된 공부를 조장하기도 한다. 우선 인터넷 강의를 들으면서 그 내용을 잘 알았다고 해도 그것으로 그 부분이 완전히 이해된 것은 아니다. 그게 자기의 것이 되려면 스스로 그만큼의 내용을 생각하며 공부해야 한다. 구체적으로 말하자면, 인터넷 강의 한 시간 들으려면 예습 한 시간과 복습 한 시간을 함께 해야 한다. 때에 따라 그 정도의 시간이 들지 않을 수도 또는 더 들 수도 있겠지만, 중요한 것은 그 강의를 들으면서 처음으로 그 부분을 공부하기 시작하지 말고 스스로 읽으면서 준비해야 하고 강의를 들으면서 아는 것을 확인하고 모르는 것에 대한 의문을 풀려 해야 한다는 것이다. 그리고 다시 복습을 하면서 여전히 남은 의문을 풀어가는 방식의 공부여야 한다는 것이다. 스스로 하는 공부가 진짜 내 공부다.

인터넷 강의도 자신의 수준에 맞는 것을 택해야 한다. 특히, 초보자가 상당히 공부가 된 사람이나 많은 준비를 한 사람들에게 하는 강의를 듣는 것은 시간 낭비이면서 오히려 공부에 해를 미친다. 사람마나 다르겠으나, 인터넷 강의를 들으면서 공부하는 게 별로 효과가 없고 혼자 책을 읽으면서 하는 게 시간도 절약되고 효과도 있다면 과감하게 인터넷 강의를 멀리하는 게 옳다.

다. 법전을 가까이해야 한다.

어느 과목이나 마찬가지이겠지만, 헌법도 헌법전과 헌법부속법령을 가까이하여야 한다. 헌법학의 대부분의 내용은 헌법전과 헌법부속법령의 해석의 문제이기 때문이다. 그리고 이론은 이러한 헌법 조항과 법령에서 분명하지 않는 부분에 관하여 전개된다. 헌법을 공부하는 처음에도 또 그 과정에서도 때때로 헌법 조문을 펼쳐 읽는 것은 필수적이고 매우 좋은 공부의 방법이 된다. 시간이 된다면, 헌법전의 전체 조문을 외우고 써보는 것도 나쁘지 않을 것이다.

라. 중요한 개념이나 이론은 요약하여 암기하는 것도 방법이다.

헌법 공부는 결국 헌법학의 개념이나 이론의 내용을 충실하게 이해하는 것이다. 많이 읽고 생각하고 쓰는 것이 도움이 된다는 점은 이미 얘기 했다. 개념이나 이론에 대한 충실한 이해가 있다면 이것을 단 몇 마디의 정의로 나타내는 것은 어려운 일이 아니다. 정의는 내용에 대한 충실한 이해의 결과이기 때문이다. 그러나 다른 한편으로 내용을 충실하게 이해해 가는 과정에서 개념의 정의나 이론의 골자를 암기하고 이것을 서서히 음미하며 그 내용에 대한 이해를 도모하는 것도 나쁘지 않다. 시의 감상법으로 시를 암송하는 것이 유용한 것과 마찬가지다.

마. '화두' 와 같은 사례를 잡고 고민하라.

또한 어떠한 개념이나 이론을 잘 이해하기 위하여 그런 논의의 출발점이 되는 또는 가장 전형적인 사례를 머릿속에 두고 지속적으로 의문을 가지면서 고민하는 것도 좋다. 불가佛家에서 하는 수행법으로서 '화두'와 같이 생생한 구체적 사례를 염두에 두고 법적 문제를 생각한다면 더 쉽게 개념과 이론에 대한 이해에 도달할 수 있을 것이다. 여럿이 산책하면서 사례에 대해 토론하는 것도 좋다. 법률 용어가 아니더라도 또 때로는 거친 언어를 사용하더라도 수많은 쟁점을 여러 각도에서 검토할 수 있다면 이 길을 통해 매우 세련된 법적 논의에 어느덧 다가서게 될 것이다. 이것이 실천적 이론 학습을 가능하게 한다.

바. 판례에 대해 비판적 시각을 잃지 않아야 한다.

법학전문대학원은 변호사처럼 생각하고 변호사가 되어 할 변론의 핵심인 논증을 배우는 과정이다. 판례를 암기하여 풀 수 있는 문제가 나오기도 하고 또 그것이 공부의 좋은 방법이 될 수도 있겠으나, 그런 방법의 한계는 분명하다. 판례와 다른 주장을 펼쳐야 한다거나 때로는 판례를 파기하기 위해 노력해야 하는 경우도 당할 수 있고, 특히 판사가 아니라 변호사 활동을 해야 하는 사람들에게는 판례에 기대서보다는 판례를 비판적으로 이해해야만 변론을 할 수 있는 경우를 더 많이 당할 것이다. 판례 요지의 암기가 아니라 청구인과 피청구인의 의견을 충실하게 보고 다수 의견뿐만 아니라 반대 의견에도 관심을 가져야 한다.

4. 무엇보다 중요한 것은 스스로 공부하고, 변호사 시험 너머를 생각하며 공부하는 것이다.

앞에서 헌법 공부를 위한 몇 가지 방법을 얘기했다. 그러나 그 무엇보다 중요한 것은 스스로 공부해야 한다는 것이다. 학교의 선생들이 더 잘 가르치도록 요구하고 더 나은 시스템을 만들도록 하는 힘도 학생들에게서 나온다. 모든 공부가 학교 또는 선생에게 달려 있는 것만은 아니다.

또한 변호사 시험만을 염두에 두고 공부하지 말기 바란다. 물론 변호사 시험을 무시하고 공부하기도 어려운 게 현실이다. 특히 법무부가 법전원 입학정원 대비 75% 합격률을 고수하고 있고 학교에 따라 합격률이 전국의 평균적 수준에 현저하게 미달하는 학교도 있으니 우선 시험에라도 합격해야 한다는 절박감이 애써 외면되어서는 안 된다. 그러나 법전원에서 변호사 시험 합격만을 목표로 해서 가르치고 공부할 경우 그 효과 자체도 높을 수 없으며, 실제 변호사 시험의 합격률도 높을 수 없다. 그러한 공부와 교육과정 속에서 학생들의 사고는 시험이라는 틀 안에 갇혀 자유롭게 무한정 확장될 수도 없다. 그리고 변호사 시험에 합격한 이후 이제 당장 변호사 활동을 시작해야 하는데, 사실 변호사 활동에 필요한 것은 법전원에서 배운 게 없다는 한탄을 하고 말지 모른다. 법전원의 교육은 무엇보다도 변호사가 되어 할 활동과 관련하여 그 내용과 수준이 결정되어야 하며 그런 공부의 과정 속에서 자연스럽게 변호사 시험에 대한 대비도 이뤄질 수 있는 것이다. 변호사 시험만 대비하는 교육이라면 학원이 더 잘할지 모르겠다. 또 3년 동안 학교 수업 듣지 않고 알아서 공부해도 변호사 시험에 합격하는 사람도 적지 않을 것이다.

하나 더 당부하고 싶은 것은, 다른 과목도 마찬가지겠지만 헌법 공부는 수업 시간을 중심으로 하여 했으면 좋겠다는 것이다. 추측하건대, 헌법을 포함하여 여러 과목의 공부를 수업은 수업대로 따라가면서 자기의 스케줄대로 따로 공부하는 경우가 적지 않은 듯하다. 이런 방법은 수업을 통한 공부나 교육의 효과가 매우 적으며, 시간은 시간대로 부족하고 공부의 부담도 커지지만 학습 효과는 낮다는 것이다. 헌법 교과서를 읽고 거기에 더하여 수업용 자료를 읽은 채로 수업에 임하고, 이것을 복습하고 토론하면서 헌법학의 주요한 주제에 대한 이해에 도달해 주길 바란다. 수업을 중심으로 공부하면 따로 별개의 스케줄을 만들어 이원적으로 공부하는 것보다 시간 부족과 학습 부담의 문제가 크지 않을 것이다.

제2절

행정법 공부 방법

조성규

전북대학교 법학전문대학원 교수, 법학박사, 행정법 전공

1. 공부에는 왕도王道가 없다.

'어떻게 하면 공부를 잘할 수 있을까?' 공부를 해 본 사람, 특히 시험을 대비한 공부를 한 사람이라면 누구나 한 번쯤은 가졌던 생각이며, 그러한 의문만큼 흔하게 들었던 얘기가 '공부에는 왕도가 없다'는 대답일 것이다. 누구나 흔하게 들을 수 있을 정도로 우리 주변에서 일반화된 얘기라면 '공부에는 왕도가 없다'는 말은 맞는 말일 것이다. 모든 사람들의 생김새와 성격이 다르듯이, 공부 역시 각자의 공부하는 취향, 정도, 지향점이 다르기 때문에 공부에는 왕도가 없어야 하는 것이 오히려 맞는지도 모른다.

따라서 각자에게 맞는 공부를 하는 것이 중요하고, 그렇게 본다면 여기서 행정법에 대한 공부 방법론을 얘기하는 것이 어쩌면 쓸데없는 것일 수도 있다. 다만 변호사 시험을 준비하면서 행정법에 대하여 막막함 내지는 막연한 공포감(?)을 갖는 분들이 있다면 혹시 그러한 분들이 공부하면서 생각하지 못한 부분들이 있지는 않을까 하는 노파심에서 개인적인 생각을 적어 본다. 물론, 앞서 전제한 대로 왕도가 없는 것이 공부이기 때문에 그 어떤 얘기도 절대적인 기준이 될 수는 없을 것이며, 각자의 공부에 있어 조그마한 참고로서 생각해 주면 좋겠다.

2. 수업을 제때에 충분하게 활용하라.

나는 매 학기 수업 첫 시간마다 수업 시간을 낭비하지 말고 충분하게 활용하라는 얘기를 한다. 법학 과목을 대상으로 하는 시험이지만 종전의 사법시험과 현재의 변호사 시험은 그 성격이 다르다. 사법시험은 극히 소수의 사람을 선발하는 시험이기에 통상 학교 졸업 이후 수년을 시험 준비에 투자하는 것이 일반적이므로 학교의 수업과는 별개의 독자적 수험 생활이라는 것이 중요할 수밖에 없다. 그러나 변호사 시험은 졸업과 동시에 변호사 시험을 치르는 구조로 되어 있기 때문에, 즉 학교생활 이후에 별도의 수험 준비 과정이 있을 수가 없기 때문에 학교 수업을 어떻게 활용하느냐는 매우 중요할 수밖에 없다.

그럼에도 상당수의 학생들이 헌 · 민 · 형의 소위 기본 과목을 중심으로 공부를 하다 보니 행정법 등 소위 전통적으로 후4법이라고 불리던 과목들은 학교 수업과는 별개로 따로 나중에 공부한다는 생각을 갖는 경우가 많은 것 같다. 내가 실제 3학년 수업을 담당하다 보면 3학년인데, 그것도 행정법 기본 과목을 이미 다 수강했는데도 행정법 기본 개념과 원리에 대한 이해가 없는 학생들이 적지 않다. 대부분 행정법은 3학년 때 따로 공부한다는 계획을 가지고 있는 듯하지만, 3학년이 되어도 따로 충분한 시간이 주어지는 것이 아니다. 3학년에도 여전히 학점을 이수하면서 학업을 병행해야 하는 법전원 상황에서 특정 과목에 대해 따로 시간을 내어 집중적으로 공부한다는 것은 현실적으로 불가능하다.

내가 늘 농담 삼아 하는 얘기이지만, 애초부터 졸업 이후 한 2년을 더 공부한다는 변시 합격 5개년 계획을 갖고 있지 않는 한 어떠한 과목이든 해당 수업 시간을 통해서 기본적 체계와 내용에 대한 이해를 완료하고 넘어가는 것이 중요하다.

2. 원리적 · 체계적 공부를 하라.

행정법에 국한된 얘기는 아니지만, 원리적이고 체계적 공부의 필요성을 강조하고 싶다. '射人先射馬(사인선사마)'라는 옛말이 있다. 전쟁에서 이기고자 장수를 잡기 위해서는 직접 장수를 겨냥하기보다 먼저 그 장수가 타고 있는 말을 쏘아야 한다는 의미로, 목표를 이루기 위해서는 먼저 그 근본적인 것을 해결하는 것이 중요하다는 것을 강조한 말이다. 법학에는 각 과목을 관통하고 있는 원리와 체계가 있다. 특히 행정법은 다른 법 과목에 비하여 기술적이고 체계적으로 정립된 학문이어서(동의하지 못하는 분이 많을 것 같습니다만^^), 얼핏 보면 행정법의 각 영역에 산재해 있는 별개의 쟁점처럼 보이는 것들도 일정한 체계와 원리하에서 상호 연결되어 있다.

따라서 행정법 전체에 대한 종합적이고 체계적인 시각을 갖추는 것이 중요하며, 이는 행정법의 이해를 위한 내비게이션을 장착하는 것과 마찬가지다. 원리나 체계를 생각하는 공부가 처음에는 비효율적인 것으로 보일 수 있으나, 회독 수가 증가할수록 엄청난 가속도가 붙는 경험을 한 번쯤은 해 보았을 것이다. 나무만 보는 미시적인 이해가 아니라, 숲을 보는 거시적이고 종합적인 이해를 도모하는 것이 필요하며, 이를 위해서는 특정한 법적 문제나 쟁점을 이해하는 데 있어 항상 그보다 상위 개념의 문제를 먼저 생각하는 습관이 중요하다. 원리적이고 체계적인 공부를 위해서는 혼자의 학습보다 앞서 언급한 수업 시간의 충실한 활용이 보다 효율적인 것은 당연하다.

3. 쟁점의 암기는 3일, 이해는 30일, 적용은 3년을 간다.

앞서의 원리적 · 체계적 공부의 필요성과 같은 맥락의 얘기지만, 법은 암기의 학문이 아니다. 구체적 적용의 학문이다. 법적인 문제 상황은 구체적 사실관계에 있어 어떠한 경우에도 차이가 있을 수밖에 없으며, 완전히 동일한 상황이란 있을 수 없다. 동일한 법적 쟁점이 적용되더라도 추상적으로는 동일한 쟁점이지만 그 구체적 적용의 모습은 상이하게 나타난다. 법적 쟁점의 구체적 적용 능력, 그것이 실무에서는 소송이며, 학교에서는 사례 문제의 해결 능력으로, 변호사 시험을 준비하는 학생들에게 필수적으로 요구되는 것이다.

따라서 행정법적 쟁점을 구체적인 상황에 따라 적재적소에 적용하는 능력을 키우는 것이 학생들의 공부 목적이라고 할 때, 암기에 의한 공부는 본질적으로 한계가 있으며, 쟁점에 대한 원리적 이해가 필요하다. 한편 원리적 이해를 충실하게 하기 위해서는 추상적인 이해보다는 쟁점 상황을 사례화하여 쟁점에 대한 구체적 적용을 통해 이해하는 것이 가장 바람직한 것으로, 구체적 적용을 통한 이해는 한 번의 이해만으로도 평생의 지식으로 남는다.

학생들의 공부 모습을 직접 지켜보지 않은 입장에서 오해이고 선입견일 수도 있으나, 상당수의 학생들이 얄팍하게 정리된 교재에 의존한 암기식의 학습을 하고 있는 것은 아닌가 싶어 안타깝다. 물론 수업 및 과제의 과중, 실무 수습 등 다양한 부담하에서 여러 과목에 대해 시험을 준비하여야 하는 학생들의 중압감을 고려할 때, 단기간에 빠른 성과를 낼 수 있는 공부 방식을 선호할 수밖에 없다고 생각한다. 그러나 암기식의 단순한 이해는 외형상으로는 빠른 성과를 가져오는 것처럼 보이지만 변호사 시험의 충실한 대비라는 전체적 과정에서 종합적으로 본다면 오히려 느린 것 같더라도 쟁점의 구체적 적용 연습을 통한 충실하고 깊이 있는 공부가 훨씬 더 효율적일 것이라 생각되며, 특히 저학년일수록 이해 위주의 학습이 바람직하다.

4. 판례는 변호사 시험과 친하다.

변호사 시험을 대비한 공부에 있어 판례의 중요성은 아무리 강조해도 지나치지 않다. 법전원은 대학원 과정이기는 하지만 깊이 있는 학문적 연구가 이루어지는 학문의 상아탑이 아니라, 유능한 법조인을 배출하는 고등 직업 교육기관이다. 따라서 실무적 능력의 배양에 있어

좋든 싫든 판례의 중요성을 강조하지 않을 수 없다. 실제적으로도 현재 변호사 시험의 추세는 선택형의 경우에는 문제의 객관성 담보라는 측면에서 거의 판례를 기준으로 하고 있다고 해도 과언이 아니며, 사례형의 경우도 대부분 판례에서 사례의 소재가 등장하고 있으므로, 판례에 대한 충실한 학습은 직접적인 변호사 시험의 대비라고 할 수 있다. 따라서 저학년 때부터 판례의 쟁점은 물론 판례의 문구에 친숙할 수 있도록 하는 것이 중요하며, 주요 판례의 경우에는 가능한 한 사실관계에 대해서도 익숙할 수 있도록 한다면 변호사 시험 대비에 훨씬 더 유용할 수 있을 것이다.

5. 일찍부터 답안 작성 요령을 체득하라.

엄밀한 의미에서의 공부 방법론은 아니지만, 마지막으로 저학년 때부터 변호사 시험에 대비한 답안 작성 요령을 숙지하고 연습하는 것이 매우 중요하다는 점을 강조하고 싶다. 시험은 학생의 머릿속의 지식을 측정하는 것이 아니라 답안지에 표출된 지식을 측정하는 것이기 때문에, 시험에서의 지식은 학생이 공부한 것이 지식이 아니라 답안지에 표현해 낸 것만이 학생의 지식으로 간주된다. 그런데 불행히도 머리가 알고 있는 지식과 손이 알고 있는 지식은 차이가 많기 때문에, 답안의 작성은 계속적으로 연습과 훈련이 필요하며, 특히 답안 작성법은 한번 잘못 정립하게 되면 그 교정은 생각보다 쉽지 않다. 따라서 가능한 한 저학년 때부터 실제 변호사 시험과 동일한 유형과 방식으로 답안을 작성하는 훈련을 하는 것이 매우 중요하다.

6. 공부에는 왕도王道가 있다?

결론적으로 한 가지 반드시 짚고 넘어가고 싶은 것은, '공부에는 왕도가 없다'는 말은 왕도가 없다는 데서 끝나는 것이 아니라 성실한 공부만이 정답이라는 명제까지 연결된다는 점이다. 공부에는 왕도가 없기 때문에 성실한 공부만이 왕도라고 역설적으로 말해 주고 있다. 혹시 학생들 중에 만족할 만한 성과를 거두고 있지 못한 사람이 있다면 스스로에 대해 성실하게 공부하고 있는지를 반문하는 것이 우선적으로 필요하지 않을까 싶다.

자신만의 왕도를 찾은 성실한 공부를 통하여 가깝게는 우수한 성적으로 변호사 시험에 합격, 멀게는 능력 있는 법조인으로서 성공하는 영광스러운 미래가 우리 학생들 모두에게 있기를 기원한다.

제3절

공법 기록형 공부 방법

김용섭

전북대학교 법학전문대학원 교수, 법학박사, 변호사, 행정법 전공

1. 논의의 출발

(1) 우수한 법률가의 양성을 표방하고 출범한 새로운 법 조양 성시스템인 로스쿨 체제하에서 제1회 변호사 시험부터 제6회 변호사 시험까지 치러졌다. 변호사 시험법 제1조(목적)에서 명시하고 있는 바와 같이 변호사 시험은 "변호사에게 필요한 직업윤리와 법률지식 등 법률사무를 수행할 수 있는 능력을 검정"하도록 하고 있으며, 변호사 시험에 합격한 자는 변호사법 제4조 제3호의 규정에 의하여 곧바로 변호사의 자격을 취득하게 된다.

(2) 변호사 시험은 로스쿨에서의 법학 교육의 성과를 반영하고 전문 자격자인 변호사로서 활동하는 데 적합한 정도의 법적 지식과 응용 능력을 갖춘 것인지에 주안점을 두고 출제되며, 변호사 시험에 출제된 공법 기록형 시험의 문제는 개별 로스쿨의 교육과정에 환류되어 미비된 교과과정의 보완과 교수 방법의 개선을 촉구하게 된다.

(3) 여기서는 필자가 2011년 제1회 법전원협의회 모의고사 공법 기록형 출제와 채점 그리고 제1회 변호사 시험 공법 기록형 출제와 채점, 2012년부터 2016년까지 시행된 법전원협의회 모의고사 공법 기록형의 채점 등에 참여한 경험에 기초하여, 변호사 시험의 공법 기록형의 대비 요령에 대하여 간략히 조언하기로 한다.

2. 로스쿨 교육과 변호사 시험과의 연계성

(1) 로스쿨 교육과 변호사 시험 양자의 관계를 어떻게 정립하는 것이 바람직한 것인지에 관하여 견해가 대립한다. 그러나 현행 변호사 시험법 제2조는 변호사 시험 시행의 기본 원칙을 규정하면서 "변호사 시험은 「법학전문대학원 설치 · 운영에 관한 법률」에 따른 법학전문대학원의 교육과정과 유기적으로 연계하여 시행되어야 한다"고 되어 있다.

따라서 변호사 시험과 로스쿨 교육은 밀접 불가분의 관계에 있으며, 변호사 시험을 도외시하고 독자적인 로스쿨의 교육은 불가능하므로, 변호사 시험의 문제에 대해 정확한 분석을 하여 로스쿨의 교육과정에 반영할 필요가 있다.

(2) 변호사 시험에 기록형이 출제되기 때문에 로스쿨 내에서 이에 대한 교육적 대응이 필요하다. 로스쿨의 교과과정에 헌법과 행정법을 포괄하는 공법 기록형 과목이 개설되어 있는 로스쿨도 있으나, 행정소송 실무 과목과 헌법재판 실무 과목이 개설된 경우 이러한 과목을 이수하고, 기출문제를 철저히 풀어보고 나아가 법전원협의회에서 매년 3회에 걸쳐 시행하는 공법 기록형 모의시험을 응시함과 아울러 이에 대한 분석과 피드백을 철저히 한다면 공법 기록형 시험 준비에 큰 어려움 없이 자신감을 갖고 변호사 시험에 응하게 될 것이다.

3. 변호사 시험에 있어서 공법 기록형

(1) 변호사 시험에 있어서 기록형 시험의 의미

변호사 시험에 있어서 기록형 문제의 출제는 공법뿐만 아니라 형사법, 민사법 모두 실무 출신의 교수와 사법연수원 교수나 헌법재판소 연구관 등 법조 실무가 4인이 전적으로 맡아 출제를 담당하고 있는 실정이다.

변호사 시험법 제8조 제1항에 따라 실무 능력에 대한 평가를 위해 사법시험과 달리 기록형 시험제도를 도입하였다. 공법 기록형 시험은 35매 내지 50매 이내의 서류와 법령 등 다양한 관련 자료를 제공하고 이를 토대로 의뢰인의 대리인으로서 스스로 법률적 쟁점을 분석하고 결론을 도출한 후 의뢰인을 위하여 2시간 내에 기록을 보고 행정소송의 소장이나 헌법소송의 청구서 등을 작성하는 능력을 시험하기 위한 것이다.

기록형을 통하여 실체법과 소송법을 연결해서 입체적으로 이해할 수 있을 뿐만 아니라 관념적으로 알고 있는 처분서나 사전통지서 등의 문서를 실제 기록을 통하여 익히게 되어 법이론과 실무를 제대로 접목하여야 잘 기술할 수 있다.

전체적으로 논술형의 범위 내에서 헌법과 행정법이 50 대 50이 되도록 출제되기 때문에 만약에 기록형에서 행정소송 형태의 문제의 비중이 높게 출제된다면 사례형에서는 헌법의 비중이 높아지고, 사례형에서 헌법소송 형태의 기록형의 배점이 높게 출제된다면 행정법 사례형의 비중이 높아지게 된다. 제1회 변호사 시험에서는 행정소장 형식으로 행정법 문제가 80점, 헌법 문제가 20점으로, 제2회 및 제3회 변호사 시험에서는 헌법소송 문제가 80점, 행정소송 문제가 20점이 출제된 반면에, 제4회 변호사 시험에서부터 제6회 변호사 시험까지 공법 기록형에서 헌법과 행정법이 각각 50점씩 출제되고 있어, 제6회 변호사 시험의 사례형에서도 각각 통합형은 기본적으로 헌법 80점 행정법 20점, 제2문 행정법 80점, 헌법 20점을 각각 출제하여 통합형을 유지하고 있다.

(2) 공법 기록형 문제와 변호사의 실무 능력에 대한 평가

기록형 문제는 사례형 문제와는 달리 실무 능력의 배양을 위하여 실제 기록 또는 모의 기록을 토대로 로스쿨생이 변호사의 입장에서 사실관계를 파악하고 법률적 쟁점을 찾아내서 법률문장을 사용하여 요구되는 서면을 작성하는 능력을 검증하기 위한 것이다.

공법 기록형 시험은 상담 자료, 법무법인의 내부 회의록, 행정처분 문서, 처분 절차와 관련된 자료, 의견서, 법령 등 다양한 자료를 제공한 후에 소송대리인으로서 사실관계를 파악하고, 의미 있는 중요한 사실을 분석하고, 법률적 쟁점을 찾아내면서 제한된 시간 내에 서면을 작성할 수 있는 능력을 평가하기

위한 것이다.

(3) 공법 기록형 출제 경향

변호사 시험에서 공법 기록형의 경우 출제위원이 누가 들어오는가에 따라 달라지는데 행정소송에 적합한 출제 위원이 위촉되는 순간 법무부 측에서는 어느 정도 행정소송 유형의 출제가 예정되어 있다고 할 수 있다.

행정소송의 기록형이 출제될 경우라면 행정소장이나 행정심판청구서를 작성하도록 하거나, 준비서면이나 답변서 또는 의견서, 집행정지신청서를 작성하게 할 수 있다. 헌법소원심판청구서나 위헌법률심판제청신청서의 작성을 요구하거나 국가기관의 입장에서 위헌법률심판에 대한 의견서를 작성하도록 하거나 변호사의 입장에서 의뢰인으로부터 요청받은 사항에 대한 헌법적 의견서를 작성하도록 출제할 수 있다.

사례형과 달리 변호사의 입장에서 다양한 방법을 제시할 수 있을 것이나 간단한 기록을 대상으로 하고 채점의 객관성과 예측가능성을 위해 헌법과 행정법 기록을 통합한 형태로 출제하는 것이 최근(제4회, 제5회 및 제6회 변호사 시험)의 추세라고 할 것이다.

제1회 변호사 시험 공법 기록형에서 행정소장을 작성하도록 하면서, 행정법적 쟁점이 80점, 헌법적 쟁점이 20점으로 정하였기 때문에, 공법 사례형에서는 행정법 분야가 70점, 헌법 분야가 독자적인 제1문 100점과 제2문에서 행정법과 통합하여 30점의 비율로 출제되었다.

제2회 변호사 시험 공법 기록형 시험에서 제1문이 권리구제형 헌법소원심판청구서(80점)로 형식적 기재사항, 적법요건, 본안주장(직업수행의 자유, 평등권)을 묻고 있다. 제2문은 행정소장의 작성으로 영업정지처분취소소송의 청구취지 5점, 청구원인중 이 사건 처분의 위법성 20점으로 출제되었다. 제2회 변호사 시험의 공법 사례형 시험에서는 헌법 부분이 70점, 행정법 부분이 130점이 출제되었다.

제3회 변호사 시험 공법 기록형 시험에서는 제1문 규범통제형 헌법소원심판청구서의 작성이 출제되었다. 형식적 기재사항, 적법요건, 본안주장으로 구분하여 양심의 자유, 교육받을 권리, 학부모의 자녀교육권에 관한 사항을 기술할 것을 요구하고 있다. 제2문 행정소장(20점)은 퇴학처분 등의 취소 소송의 소장을 작성하는 것으로 청구취지 5점, 청구원인 - 이 사건 처분의 위법성을 절차적 위법성과 실체적 위법성으로 구분하여 기술하는 부분 - 이 15점으로 배정되었다. 제3회 공법 사례형 시험에서는 제2회 변호사 시험과 마찬가지로 헌법 부분이 70점, 행정법 부분이 130점 출제되어 50 대 50의 원칙이 지켜졌다.

제4회 변호사 시험 공법 기록형에서는 제1문 행정소장의 작성(50점), 규범통제형 헌법소원심판청구서의 작성(50점)으로 배정되어 있다. 행정소장의 작성은 청구 원인 중 이 사건 소의 적법성, 이 사건 처분의 위법성을 중심으로 작성하도록 요구하였다. 아울러 헌법소원심판청구서의 작성은 형식적 기재사항, 재판의 전제성, 위헌이라고 해석되는 이유, 집시법상 사전신고조항 및 해산명령조항의 위헌성에 관한 부분의 작성을 요구하고 있다.

제5회 변호사 시험 공법 기록형 시험에서는 권리구제형 헌법소원심판청구서의 작성에 50점이 배정되어 형식적 기재사항, 청구취지, 침해된 권리, 적법요건, 위헌이라고 해석되는 이유 - 외국인의 기본권 주체성, 침해되는 기본권, 명확성 원칙, 포괄위임금지원칙, 거주이전의 자유, 직업선택의 자유, 평등권 침해 등에 관한 사항 - 를 기재할 것을 요구하고 있다. 아울러 종전의 취소소송의 소장 작성의 패턴에서 벗어나 집행정지신청서(10점)을 함께 작성하도록 요구하여 50점을 배정하였다.

행정소장에서는 피고, 사건명, 청구 취지와 이 사건 소의 적법성으로 대상적격, 협의의 소의 이익, 제소 기간을 묻고, 이 사건 처분의 위법성과 관련하여 체류 기간 연장 허가 불허처분 - 법령상 거부 사유에 해당하지 않는다는 점과 신뢰보호원칙 위반, 그리고 출국 명령과 관련하여 법령상 처분 사유가 없고, 비례원칙 위반 등을 작성할 것을 요구하고 있으며 말미의 형식적 기재사항도 기술할 것을 요구하고 있다. 한편, 집행정지신청서에서는 신청취지 3점, 집행정지의 요건이 7점으로 배정되어 있다.

제6회 변호사 시험에서는 제1문이 행정소장의 작성으로 취소소송의 소장을 작성하도록 하면서 부담에 대한 독립 쟁송가능성, 금지해제결정 및 정보비공개결정 등 3개의 처분을 다투도록 하면서 청구 취지를 제대로 작성하는지 나아가 소의 적법성에서는 처분과 제소 기간을, 실체적 위법성에서는 금지해제결정취소처분에서 비례 원칙 내지 공익과의 형량, 건립기금납부명령부담의 부당결부금지원칙, 정보비공개결정의 경우 이익형량위반 등을 기술할 것을 요구하고 있다. 절차적 위법성과 관련하여서 사전통지절차위반과 청문절차위반을 기술할 것을 요구하고 있다.

제2문은 변호사 시험에서 처음으로 위헌법률심판제청신청서가 출제되었다. 사건, 신청 취지, 쟁점의 정리 및 재판의 전제성, 심판대상조항의 위헌성의 배점이 높다, 여기서는 죄형법정주의의 법률주의 위배, 제한되는 기본권으로서 성적자기결정권과 사생활의 비밀과 자유와 과잉금지원칙 위반 여부를 네 가지 척도에 따라 분석하고, 아울러 평등권 내지 평등 원칙을 완화된 심사 기준에 따라 작성하는 내용으로 출제되었다.

4. 공법 기록형 시험 채점 기준 – 예시

(1) 2011년 법전원협의회 주관 제1회 공법 기록형 모의고사 채점 기준

제1문 행정소장(75점)

모두의 형식적 기재사항 7점(원고 3, 피고 2, 사건명 2), 청구취지 5점, 청구원인을 55점으로 하며, 말미의 형식적 기재사항 8점(입증방법, 첨부서류, 작성일자, 원고소송대리인, 관할 각 2점)으로 하였다.

1. 이 사건 처분의 경위(8점)
   가. 당사자의 지위
   나. 처분 경위 등
2. 이 사건 소의 적법성(18점)
   가. 항고소송의 대상이 되는 거부 처분의 요건(8점)
   나. 이 사건 불가 조치는 항고소송의 대상이 되는 처분(10점)
   다. 기타 소송 제기 요건 (배점 외 최대 3점 가점)
3. 이 사건 처분의 위법성(27점)
   가. 건축계획심의신청을 건축위원회의 심의에 회부하지도 아니한 채 행한 이 사건 처분은 위법(12점)
      (1) 건축법 제4조 제1항의 취지
      (2) 건축계획심의 신청을 받은 행정청으로서는 특별한 사정이 없는 한 이를 건축위원회의 심의에 회부하여야 한다는 점
      (3) 위 법리의 사안에의 적용
   나. 이 사건 처분의 거부사유는 건축계획심의신청 거부의 적법한 사유가 되지 않음(기속행위임을 주장할 것)(10점)
      (1) 건축법 시행령 제5조 제4항 제3호의 도출 및 해석
      (2) 위 법리의 사안에의 적용
   다. 가정적 주장: 거부재량의 재량권일탈남용(재량행위라고 가정하더라도 최대 5점 가점)
   라. 절차상의 하자– 사전 통지, 이유 부기의 하자(5점)

4. 결론(2점)

*대법원 2007. 10. 11. 선고 2007두1316판결

(처분의 위법성 요약 – 2점)

제2문 위헌법률심판제청신청서의 작성(25점)

모두의 형식적 기재사항으로 사건, 원고 명, 피고를 2점으로 배정하였으며, 신청 취지는 부설주차장법에 제19조 제1항 및 제2항에 대한 위헌법률심판을 제청한다로 신청 취지를 작성하도록 하였으며, 전제성이 없는 조항들이나 시행령, 시행규칙을 적시하는 경우에는 감점하도록 하였다. 신청 이유가 차지하는 비중이 높은데 이에 관하여 채점 기준을 살펴보면 다음과 같다.

1. 관련 규정의 개요(2점)
2. 재판의 전제성(3점)
   - 재판의 전제성에 관한 일반론 소개
   - 사안에의 적용
3. 부설주차장법 제19조 제1항, 제2항의 위헌성(10점)

   (1) 명확성 원칙 위반(3점)
   - "다수인이 출입하는 대형건축물" 부분의 불명확성 주장
   - 시행 규칙을 통해서 불명확성 해소되지 않음

   (2) 포괄위임금지원칙 위반(3점)
   - 헌법 제75조, 제95조 언급
   - "대통령령이 정하는 기준"이라는 부분의 문제점

   (3) 과잉금지원칙위반(4점)
   - 침해되는 기본권 적시 – 재산권, 직업의 자유
   - 목적의 정당성, 방법의 적정성, 침해의 최소성, 법익 균형성
4. 결론(결론 및 이하 작성일 및 관할 등 3점)

(2) 2012년 제1회 변호사 시험 공법 기록형 채점 기준

행정소장 작성(100점) – 법전원협의회 주관 모의시험의 채점 기준보다 더 상세한 기준을 마련하여 폐쇄형 문제로 출제하였으며, 작성 지침이 제시되어 있고, 취소소송의 소장을 작성하라는 것으로 특정함 – 오픈형일 경우 채점 기준을 정하기 어려운 측면이 있다.

> 1. 모두 및 말미의 형식적 기재사항
>   – 원고, 피고, 사건명
>   – 입증방법 및 첨부서류, 날짜 소송대리인 관할
> 2. 청구 취지
> 3. 청구 원인
>   가. 처분의 경위 – 8줄 내외
>   나. 이 사건 소의 적법성
>   – 제소 기간
>   – 피고 적격
>   다. 실체적 하자
>   – 법령 적용상의 하자
>   – 재량권 일탈 남용– 비례 원칙, 자기 구속의 법리 등
>   라. 절차적 하자 – 청문 절차 결여
> 4. 이 사건 처분 근거 조항의 위헌성(20점)
>   가. 포괄 위임 금지
>   나. 과잉 금지 원칙을 위반하여 영업의 자유 침해
>   다. 행복추구권 등 기본권 침해
> 5. 결론

(3) 2016년 제5회 변호사 시험 공법 기록형 채점 기준

제1문 헌법소원심판 청구서(50점)

1. 모두 및 말미의 형식적 기재사항
 – 제목, 청구일, 대리인, 각 항목
2. 청구 취지
3. 침해된 권리
4. 적법 요건
 가. 외국인의 기본권 주체성
 나. 고시의 공권력 행사의 해당 여부
 다. 현재성, 직접성, 자기 관련성
 라. 보충성, 권리 보호 이익, 청구 기간
5. 위헌이라고 해석되는 이유
 가. 외국인의 기본권 주체성과 침해되는 기본권
  – 거주 이전의 자유, 직업 선택의 자유
  – 평등권
 나. 명확성 원칙, 포괄 위임 금지 원칙

제2문 취소소송의 소장 및 집행정지 신청서(50점)

* 취소소송의 소장(40점)
1. 모두 및 말미의 형식적 기재사항
 피고: 전주출입국 관리소장,
 사건명: 체류 기간 연장 불허처분 취소 청구의 소
 소장 작성일 2015. 12. 7, 관할법원 전주지방법원
2. 청구 취지
 피고가 원고에 대하여 한 2015. 9. 3. 체류 기간 연장 불허 처분과 2015. 11. 16. 출국 명령 처분을 모두 취소한다.

소송 비용은 피고가 부담한다.

라는 판결을 구합니다.

3. 이 사건 소의 적법성

가. 대상 적격

나. 피고 적격

다. 협의의 소의 적격

라. 제소 기간

4. 이 사건 처분의 위법성

가. 체류 기간 연장 허가 불허가 처분의 위법성

– 법령상 허가 거부 처분 사유에 해당하지 않음

– 신뢰 보호 원칙 위반의 위법

나. 출국 명령의 위법성

– 법령상 위법 사유 없음

– 재량권의 일탈 남용

– 비례 원칙 위반

* 집행정지신청서(10점)

1. 신청 취지

2.신청인이 2015. 11. 16. 신청인에 대하여 한 출국 명령 처분은 이 법원 2000구합1234호 체류 기간 연장 불허 처분 등 취소 청구 사건의 판결 확정 시까지 그 효력을 정지한다.

라는 결정을 구합니다.

3. 집행정지의 요건

– 회복하기 어려운 손해

– 예방하기 위한 긴급한 필요

– 소극적 요건

(4) 2017년 제6회 변호사 시험 채점 기준

제1문 취소소송의 소장(40점)

I. 모두 및 말미의 형식적 기재사항
피고: 강원도속초교육지원청교육장
사건 금지해제결정취소처분 등
소장 작성일 2016. 10. 4. 관할법원 춘천지방법원 강릉지원

II. 청구취지
1. 피고가 원고에 대하여 한
가. 2016. 7. 4. 금지해제결정 중 건립기금납부해제조건 부분을,
나. 2016. 8. 17. 금지해제결정취소처분을,
다. 2016. 9. 5. 정보비공개결정 중 회의록에 기재된 발언내용에 대한 해당 발언자의 인적사항을 제외한 나머지 부분을 모두 취소한다.
2. 소송 비용은 피고가 부담한다.
라는 판결을 구합니다.

III. 이 사건 소의 적법성
1. 대상 적격: 금지해제결정취소처분 – 철회, 건립기금납부 해제조건부분
– 부담, 정보비공개결정 – 거부처분
2. 제소기간: 행정소송법 제20조 제1항, 송달일 2016. 7. 5. 관공서 공휴일에 관한 규정에 따른 만료일이 10. 3. 그다음 날인 2016. 10. 4. 제소

IV. 이 사건 처분의 위법성
1. 절차적 위법성
– 사전 통지 결여: 행정절차법 제21조 제1항
– 청문 절차 위반: 행정절차법 제22조 제1항 제3호

2. 실체적 위법성
- 금지해제결정취소처분: 비례 원칙 또는 신뢰 원칙에 반함
- 비교 형량
- 건립기금 납부명령부담: 부당결부금지 원칙 위반
- 정보비공개결정: 인터넷에 알려진 경우라도 청구 가능, 비교 형량

3. 결론

제2문 위헌법률심판제청신청서(50점)

1. 사건
2016고단623 성매매알선등행위의처벌에관한법률위반(성매매)
2. 신청취지
"구 성매매알선 등 행위의 처벌에 관한 법률(2014. 1. 28. 법률 제12458호로 개정되고, 2015. 12. 28. 법률 제23456호로 개정되기 전의 것) 제10조 중 성매수자에 관한 부분, 제26조 제1항 중 성매수자에 관한 부분의 위헌여부에 관한 심판을 제청한다."라는 결정을 구합니다.
3. 쟁점의 정리
죄형법정주의의 법률주의, 성적자기결정권 및 사생활의 비밀과 자유, 평등권 내지 평등원칙 위반
4. 재판의 전제성
가. 구체적인 사건이 법원에 계속중
나. 당해 사건에 적용되는 법률일 것
다. 위헌 여부에 따라 다른 내용의 재판을 하게 될 것
라. 사안의 포섭 및 적용
5. 심판 대상 조항의 위헌성
가. 죄형법정주의의 법률주의 위배

- 일반론과 적용

나. 제한되는 기본권과 과잉 금지 원칙
- 성적자기결정권 및 사생활의 비밀과 자유
- 입법 목적의 정당성
- 수단의 적정성
- 침해의 최소성
- 법익의 균형성

다. 평등 원칙 위반
- 자의 금지 원칙
- 비교 집단: 특정인을 상대로 한 성매수자와 불특정인을 상대로 한 성매수자
- 합리적 이유 없음

6. 결론
7. 제출인
법무법인 동해 담당 변호사 나근면
8. 관할
춘천지방법원 속초지원

5. 공법 기록형 시험 대비 요령

(1) 공법 기록형 시험 대비와 관련하여 일반적으로 타당한 최선의 방법은 따로 없고, 각자에게 맞는 대비 요령을 터득해 나갈 필요가 있다. 공법의 중요한 핵심적 개념은 놓치지 말아야 하며, 행정구제법과 헌법소송에 관하여는 구조와 체계를 정확히 이

해하는 것이 중요하다. 공법 기록형 시험은 다른 기록형과 마찬가지로 실제 기록을 작성한 후에 피드백을 하는 것이 필요하다.

(2) 변호사 시험의 준비는 사실상 사례형을 중심으로 공부하면서 선택형과 기록형으로 확장되는 공부 방법이 효율적이다. 공법 논술형 사례형 및 기록형뿐만 아니라 선택형에 대비하기 위하여 전반적으로 공법에 관한 이론적 기초를 다지고 중요한 핵심 개념을 중심으로 입체적으로 연결하여 공부할 필요가 있다.

(3) 변호사 시험은 지엽적인 문제를 지양하고, 중요한 문제의 패턴을 반복하여 출제할 수 있으며, 모의고사나 기출문제에서 선택형에서 나온 문제가 사례형이나 기록형의 논점으로, 기록형이나 사례형의 논점이 선택형으로 탈바꿈하여 출제될 수 있으므로, 기본적이면서 중요한 이론과 판례는 철저히 준비할 필요가 있다.
따라서, 제1회부터 제6회까지의 변호사 시험 기출문제와 법무부·법전원협의회의 모의시험 문제, 지난 5년간의 사법시험 2차 시험문제 등을 철저히 분석하고, 최근 5년간의 중요 대법원 판례를 숙지할 필요가 있다.

(4) 공법 기록형 문제의 대비를 철저히 하기 위해서는 행정소송이나 헌법소송에 관한 구조와 체계를 철저히 이해하고, 소송요건

전반, 적법요건이라는 본안 전 요건을 철저히 숙지하고, 나아가 본안의 위법과 위헌 부분을 논증하는 방법을 터득하여야 한다. 행정소송의 위법성과 관련하여 절차적 하자와 실체적 하자로 구분하여 파악하는 훈련이 필요하다. 행정소송과 관련하여서는 재량 행위의 경우 재량권의 일탈 남용의 사유로서 비례 원칙, 평등 원칙 등 행정법의 일반 원칙을 철저히 준비하고, 헌법소송에 있어서는 위헌성을 논증하는 방법, 과잉금지 원칙, 법률유보 원칙, 포괄위임금지의 원칙, 그리고 개별 기본권의 포섭과 침해 여부를 능숙히 논증할 수 있는 훈련이 필요하다.

(5) 2시간 내에 기록을 읽고 분석하고 작성하여야 하므로 변호사 시험은 동일한 조건하에 치르는 시간과의 싸움이다. 따라서 두꺼운 기록을 짧은 시간 내에 효율적으로 보면서 메모를 하는 요령이 중요하므로, 공법 기록형 강평 시간에 참석하여 기록을 핵심적으로 파악하고 착안점을 숙지하는 반복적 작성 훈련을 쌓을 필요가 있다. 상담 일지와 공법 기록형에만 첨부되어 있는 법무법인 내부 회의록은 큰 방향을 설정해 주고 힌트를 암시하므로 잘 읽어 가지치기를 잘해야 하고, 행정소장과 관련하여서는 처분 문서를 찾아내는 것이 중요하다. 거기에 많은 정보 - 피고적격, 고지여부, 처분의 근거 법령, 사건명, 처분 이유의 정당성, 청구 취지의 특정 날짜 등이 기록되어 있으므로 이 부분을 참고할 필요가 있다.

제4절

민법 공부 방법 I

이은영

전북대학교 법학전문대학원 교수, 법학박사, 민법 전공

1. 서론

3학년이 되어서야, 그것도 선선해지는 가을이 될 쯤에야 시험에 대한 긴장감을 느낄 수 있었던 초기의 로스쿨과 달리, 지금의 로스쿨은 학년과 계절에 상관없이 3년 내내 학생들로 하여금 한시도 긴장의 끈을 놓을 수 없는 상황 속에서 생활하도록 만들고 있다. 이는 매년 합격률이 떨어질 수밖에 없는 변호사 시험의 기본 구조 속에서 애초부터 예정된 것이었는지도 모르겠다. 변호사 시험이나 법학전문대학원의 획기적인 변화가 없는 한, 로스쿨 학생들은 변호사 시험의 합격에 올인 할 수밖에 없는 이러한 상황은 당분간 이어질 것으로 예상된다.

변호사 시험에서 민사법, 그중에서도 민법의 중요성은 아무리 강조해도 지나치지 않다. 변호사 시험의 기출문제를 분석해 보면, 민법에서도 재산법 부분이 80% 이상을 차지하고 있다(상속법의 법리가 기본적으로 재산법의 법리에 바탕하고 있다는 점을 감안하면 실제 체감하는 비율은 그보다 더 높을 것이다). 이 점에서 민법의 공부 방법론은 곧 재산법의 공부 방법론을 의미한다. 물론, 가족법도 변호사 시험의 선택형뿐 아니라 사례형, 기록형에서도 주요 쟁점으로 종종 등장하기 때문에 이 역시 등한시해서는 안 된다. 수험의 차원을 떠나 권리의 주체 문제에서 보듯이, 가족법은 민법 총칙 및 재산법과 유기적으로 얽혀 있기 때문에 민법을 정확히 이해하기 위해서는 가족법을 결코 경시해서는 안 된다.

2. 민법 문제 풀이 방법: 특히 사례형을 중심으로

변호사 시험에서 민법은 선택형, 사례형, 기록형으로 나누어 치러진다. 선택형은 지식측정형 내지 (기초)사례형 문항의 형식으로 판례를 포함하여 민법의 법리를 알고 있는지 내지 이러한 법리가 문제되는 사안에서 어떠한 법리를 어떻게 적용하여 어떠한 결론에 이르는지를 O, X의 형태로 묻는다. 사례형은 주어진 사실관계에 적용 가능한 법리를 탐색하고 이를 적용하여 사안을 해결하거나 제시된 당사자의 주장 사항에 대해 최종적인 판단, 즉 법원의 결론(주문)을 묻는 방식으로 출제되고 있다. 그리고 기록형은 주어진 기록에서 권리를 주장하는 자와 그의 상대방을 확정하고, 어떠한 근거에서 어떠한 내용을 주장할 수 있는지 소장의 양식에 맞게 청구 취지와 청구 원인을 작성하는 형태로 출제되고 있다.

사례형의 문제는 주어진 사실관계에 따른 적용 가능한 법리를 탐색하고 이를 적용하여 최종적인 결론을 도출하는 능력을 테스트하는 것이라면, 기록형은 주어진 기록의 사실관계에서 법적 의미를 갖는 요소 및 당사자의 주장 사항과 법적 근거를 탐색하여 소장의 양식에 맞게 간결하고 명확한 법률 문장으로 정리하는 능력을 테스트하는 것이므로 결국 이 둘은 매우 밀접하며 공부법에 있어서도 큰 차이가 있을 수 없다. 선택형의 문제 역시 민법의 법리에 대한 지식을 측정하거나 약식 사례형에 대한 해답 능력을 테스트 하는 것이므로 결과적으로 앞의 두 가지 방식의 문제와 크게 다르지 않다. 물론 법리에 대한 지식 능력을 더 중요시하는지, 혹은 논거 제시 및 그에 따른 결론 도출 능력을 더 중요시하는지, 양식에 맞는 핵심적인 법률 문장 능력을 더 중요시하는지 등 어느 부분의 능력을 더 중요시하는지에 대한 다소의 차이는 있다. 하지만, 이 세 가지 유형의 문제는 묻는 방식의 차이가 있을 뿐 실은 모두 하나로 연결되어 있어 모두 수험생의 민법 지식을 테스트한다는 점에서 본질적으로 같다.

일단, 변호사 시험에서 가장 배점이 많은 사례형을 놓고 보면, 전형적인 문제는 당사자 사이의 법률 관계, 특히 권리 및 채무의 존부와 내용, 그리고 그 법적 근거 등을 묻는 것이다. 민사법의 사례는 대체로 어떤 당사자가 누군가를 상대로 무엇을 청구하는 내용으로 이루어져 있다. 이 점에서 민사사례 풀이의 출발점은 사실관계를 분석하여 먼저 당사자를 특정하고, 그 당사자들 사이에 어떠한 법적 쟁점이 등장하는지를 정리하는 것이다. 이와 같은 사실관계의 분석과 법적 쟁점의 도출이 완료되면, 그다음 단계로 그 사안에 대하여 적용할 규범(당사자 사이에 약정이 있으면 약정을 먼저 검토하고, 이후에 법령, 관습법, 사실인 관습 순으로 검토한다)을 찾아야 한다.

사례형 문제 풀이 방법을 분설하면 다음과 같다.

가. 먼저, ① 누가, ② 누구를 상대로, ③ 무엇을, ④ 어떠한 근거에서 주장하는지가 사실관계의 분석을 통해 확정되어야 한다. 권리를 주장하는 자가 원고, 그 상대방이 피고가 될 것이다. 당사자가

특정되면, 당사자의 지위 및 관계에 대한 쟁점들, 가령 권리능력, 행위능력, 의사능력을 갖추고 있는지 등이 면밀하게 검토되어야 한다. 물론, 당사자의 문제는 민법적 쟁점에 그치지 않고 당사자 적격과 같은 민사소송법적 쟁점도 얽혀 있으므로 사례에 따라서는 민사소송법적 검토도 추가되어야 한다.

<u>나. 다음으로, 당사자의 주장(청구)에 대한 법적 기초를 검토하면서 그 사안에 적용되는 규범을 확정해야 한다.</u> 이 경우 사실관계를 객관적으로 분석하는 것이 중요한데, 일차적으로 사실관계를 시간적인 순서대로 정리하는 것이 유용하다. 그 과정에서 사실관계를 객관적으로 파악해야 하며 자신의 주관적인 해석으로 왜곡시키지 않아야 한다. 만일 주어진 사실관계가 불분명하여 여러 가지 해석이 가능한 것으로 생각되면, 이를 나누어 각각의 해석을 전제로 논점을 따로 검토하는 것이 바람직하다. 자의적으로 사실관계를 해석하고 이를 전제로 논점을 정리해나가는 것은 위험하다. 특히 본인의 해석이 출제 의도와 어긋날 경우에는 주요 논점들을 놓치게 되고, 결국 그 논점에 대한 배점을 획득하지 못할 가능성이 크다.

<u>다. 마지막으로, 그 사안이 해당 규범의 구성요건을 구비하고 있는지를 검토하여 구성요건의 충족 여부에 따라 그 법적 효과를 구체적 사안에 적용하여, 즉 사안에 포섭하여 최종적인 결론을 내려야</u>

한다. 요컨대, 사안에서 확정된 사실관계를 법적 청구권과 연결시켜야 하는 것이다. 이 경우 당사자가 주장하는 법적 근거는 다음과 같은 순서로 검토해야 한다.

① 먼저, 법률행위에 의한 채권 관계(약정 채권 관계)를 기초로 한 청구권이 존재하는지를 검토한다. 아울러 계약과 유사한 채권 관계를 기초로 한 청구권, 예컨대 무권대리인의 상대방에 의한 계약의 이행청구(제135조), 목적이 불능인 계약을 체결한 경우 상대방의 손해배상청구권(제535조), 의사표시가 무효이거나 취소한 경우 상대방에 대한 신뢰 이익의 배상청구권(제535조의 유추 내지 확대 적용)을 살펴본다.

② 다음으로, 물권 관계를 기초로 한 청구권을 검토한다. 즉, 점유보호청구권(제204, 제205조), 소유권에 기한 물권적 청구권(제213조, 제214조), 기타 제한물권에 기한 물권적 청구권(제290조, 제319조–제213조, 제214조)을 검토한다.

③ 이후, 법률의 규정에 의한 채권 관계(법정 채권 관계)를 기초로 한 청구권을 검토한다. 이 경우 만일 당사자 사이에 사무관리(제734조 이하)가 성립될 수 있는 사실적 요소가 존재한다면 사무관리를 가장 먼저 검토한다. 부당이득(제741조 이하)은 손실과 이득 중 적은 것을 기준으로 인용된다는 점에서, 불법행위책임(제750조 이하)은 사무관리가 성립되지 않을 경우 타인 사무에 대한 부당한 간섭으로 위법행위가 될 수 있다는 점에서 사무관리 이후에 검토하는 것이 타당하다.

④ 끝으로, 하나의 사안에서 여러 개의 청구권이 복수로 존재할 수 있다. 이 경우 해당 청구권 규범들이 어떠한 경합 관계에 있는지, 즉 중첩적으로 적용될 수 있는지 아니면 어느 청구권 규범이 우선적으로 적용되어야 하는지를 검토해야 한다. 전자의 예로, 채무불이행책임(제390조 이하)과 불법행위책임(제750조 이하)으로 인한 청구권, 채무불이행책임과 담보책임으로 인한 청구권을 들 수 있고, 후자의 경우로, 민사특별법과 민사법, 부당이득(제741조)의 특칙으로서 미성년자의 반환범위(제131조), 점유자와 회복자의 관계(제201-203조) 및 원상회복의무에 관한 규정(제543조 내지 548조 이하), 그리고 특정물의 하자담보책임(제580조)과 착오취소에 관한 규정(제109조)을 들 수 있다. 따라서 여러 개의 청구권이 복수로 존재하는 경우에는 이들 청구권의 관계를 확정하여 주어진 사안에 포섭하여 구체적인 결론을 내린다.

1. 사실관계의 이해와 분석

↓

2. 당사자들의 주장 정리

↓

3. 청구권(규범)의 탐색

↓

4. 청구권(규범)의 경합관계 검토

↓

5. 청구권의 성립요건과 효과 검토

↓

6. 부인권, 항변권의 검토

↓

7. 결론 도출 : 법률 관계의 확정

3. 교과과정에 따른 민법 공부 방법

우리 학교의 교과과정에 따르면, 민법은 재산법의 경우 2학년 1학기에 기본 과목이 모두 끝나도록 편성되어 있으며, 2학년 2학기 이후부터는 사례형에 대비하는 연습 과목 등의 교과목과 기록형을 대비하는 민사 변호사 실무, 법률 상담 실무, 민사재판 실무의 교과목으로 구성되어 있다.

그에 따라, 지식 측정 위주의 선택형 문제는 적어도 민법의 기본 과목 시간에, 즉 1학년에서부터 2학년 1학기에 중점적으로 공부를 하고 기본서 위주로 중요 내용들이 모두 정리가 되어야 한다. 그리고 기본서 중심의 내용 정리가 되면 단원에서 무엇이 중요한 쟁점으로 나왔는지 기출문제 등을 풀어보면서 선택형 문제에 대한 대비가 일단락되어야 한다. 아울러 사례형 문제를 해결하기 위한 기초가 마련되어야 한다. 이 점에서 민법의 기본서를 중심으로 단원별로 중요한 법리와 내용을 설명하며 진도가 진행되는 수업 방식은 매우 중요한 의미를 갖는다.

이어서 2학년 2학기부터 진행되는 심화 과목 시간, 즉 민법 연습 등 연습 위주의 교과목과 민사 변호사실무 및 민사재판 실무 등 기록형 대비의 교과목 시간과 보조를 맞춰 사례형과 기록형을 집중적으로 공부하고 3학년 2학기에 민사 종합 연습 과목을 통해 최종적으로 사례형과 기록형을 마무리해야 한다.

〈전북대 민법 교과과정에 따른 변호사 시험 대비〉

기본 과목

- 1학년 1, 2학기: 민법 Ⅰ Ⅱ Ⅲ
- 2학년 1학기: 민법 Ⅳ

→ 기본서 위주의 정리 및 기출문제 풀이 (선택형 및 사례형 대비)

심화과목

- 2학년 2학기: 민법연습1, 민사변호사 실무
- 3학년 1, 2학기: 민법연습2, 민사재판실무, 민법종합연습

→ 쟁점 추출, 사안의 포섭과 답안(기록) 작성 연습 (사례형 및 기록형 대비)

4. 민법 답안 작성 방법

민사 사례 답안의 전형적인 구성 형태는 1) 문제의 소재, 2) 주요 쟁점(법률요건), 3) 사안의 포섭(법률효과)이다. 1) 문제의 소재는 말 그대로 주어진 사실관계에서 문제가 된 쟁점을 간략히 정리하고, 이러한 쟁점을 본문인 2)에서 각각 소제목으로 나누어 구체적 사안에 대비해서 내용을 구성하면 된다. 그리고 3)에서 사실관계에 대입하여 나온 구체적 결론을 최종적으로 정리하면 된다. 이때 다음과 같은 사항에 유의할 필요가 있다.

1) 민사 사례에서 답안 작성을 위한 서술 방법은 일반적으로 먼저 주어진 법률요건에 대한 요건 사실의 구비 여부를 검토한 다음 이에 대한 결론

을 내리는 방식을 취한다. 다만 최근 변호사 시험은 결론(주문)을 먼저 내리고 그다음에 이유를 붙이는 형식을 취하므로 이에 맞는 순서로 작성한다. 물론 이를 위해서는 먼저 사실관계에 대한 정확한 파악을 기초로 그 사안에 적용될 법률요건이 그 사안 내에 요건 사실로서 존재하고 있는가를 먼저 검토해야 한다. 법률요건을 검토할 때 기본서처럼 의의, 요건, 효과를 장황하게 기술할 필요는 없고, 주어진 사실관계에서 특히 문제가 되는 요건을 중점적으로 다룬다. 그리고 서술은 간결하면서 반복됨이 없이 해야 하며, 특히 문제의 쟁점을 정리할 경우 주어진 사실관계를 반복하거나 자명한 사실을 다시 언급할 필요가 없다. 아울러 답안의 결론은 확립된 대법원 판례가 있는 경우에는 판례의 태도에 따라 결론을 내려야 한다. 이 경우 판례의 요지를 단순 암기식으로 적용하는 것이 아니라 주어진 사실관계에 구체적이고 정확하게 포섭하여 최대한 수험생의 사안 포섭 능력을 보여주도록 한다. 만일 주어진 사실관계에 판례의 입장을 적용할 경우 당사자의 구체적 타당성을 저해하거나 불합리한 결론에 이를 경우에는 이에 대한 문제 지적과 함께 관련 학설을 언급하며 다른 결론의 가능성을 서술하는 것이 바람직하다.

2) 민사 사례의 경우 대체로 문항 수에 비해 답안 작성의 시간이 매우 부족하다. 사안에서는 중요한 논점과 중요하지 않은 문제들이 있을 수 있는데, 중요한 논점에 대해서는 이를 체계적으로 분류하여 언급하고, 학설의 대립이 있을 때에는 그 내용을 간결하게 설명하면서 판례의 태도를 소개하는 것이 바람직하다. 이 경우 주어진 사안과 관계없는 학설 등을 평면적으로 암기한 형태의 내용을 기술하는 것은 좋지 않다. 사례형 문

제는 약술형 문제와는 다르다. 또, 덜 중요한 문제라도 배점이 주어질 것 같은 쟁점에 대해서는 전체적인 서술이 연결될 수 있는 한도 내에서 간략하게 언급하고, 견해의 대립이 있는 논점에 대해서는 자신의 견해를 밝히고 그에 따른 논리적 전개를 펴나가는 것이 좋다. 결국 배점이 들어가는 쟁점과 그렇지 않은 부분을 선별하고, 배점이 들어가는 쟁점 역시 득점하는 것에는 한계가 있으므로 시간 배분을 잘하여 너무 장황하게 기술하지 않도록 한다.

3) 답안 작성의 표현은 객관적이고 단순한 단어와 짧은 문장으로 끊어 쓰기를 하는 것이 좋으며 미사여구나 장황하게 연결하여 긴 문장으로 쓰는 것은 좋지 않다. 특히 전문적인 법률 용어와 법조문은 정확하게 사용하여야 한다. 가령 제3자를 위한 계약에서 요약자와 낙약자, 지역권에서 승역지와 요역지, 증여계약에서 수증자와 증여자, 부당이득에서 수익자와 손실자, 위임계약에서 수임인과 위임인 등과 같이 관련 당사자의 지위를 지칭하는 용어는 정확히 사용하여야 한다.

제5절

민법 공부 방법 Ⅱ

태기정

전북대학교 법학전문대학원 교수, 변호사, 민법 전공

1. 변호사 시험의 특성과 법학전문대학원 재학 기간

선택형, 사례형, 기록형, 선택과목까지 모두 포함하면 변호사 시험 과목으로 공부해야 할 과목과 분량은 매우 방대하고 그 내용 또한 난해하다. 변호사 시험 과목은 사법시험 1차 과목, 사법시험 2차 과목, 사법연수원 과목까지 포함하여 오히려 사법시험에 비하여 분량이 많아졌고, 로스쿨 3년 내에 이를 소화하여 변호사 시험에 최대한 서둘러 합격하기 위하여는 보다 효율적인 공부 방법과 철저한 자기 관리가 필요할 것 같다. 우선 이를 위한 전제 조건으로 환경적 측면에 대한 부분, 전 과목에 대한 대비 부분, 민사법에 대한 대비 부분을 순차적으로 검토해보겠다.

2. 환경적 측면에 대한 준비

가. 전북대학교와 주변 시설에 대한 적응

도서관, 강의실, 식당 등 학교 내외의 물리적 시설을 최대한 서둘러 파악하여 대학원 수학 과정 및 변호사 시험 수험 과정에서 낯설음이나 외로움이 생기는 것을 방지해야 한다.

나. 집중력 향상을 위한 방해 요소의 제거

대학원 생활과 시험 준비에 최대한 집중할 수 있도록 집안 문제,

경제적 문제, 숙소 문제 등에 불필요한 고민이 없도록 해야 한다. 미리 학비와 생활비에 대한 해결을 서둘러야 하고, 수험 준비 과정에서 별도의 직업을 병행하는 것은 피해야 할 것이며, 집안 대소사로 집중력이 흐트러져서는 안 되므로 변호사 시험이 종료될 때까지는 특별한 사정이 없는 한 환경적인 문제가 발생하지 않도록 해야 한다.

다. 불필요한 대인 관계에서의 마찰을 최소화할 것

공부량과 난이도의 문제로 항상 피곤하고 신경이 날카로울 수 있으므로, 서로 신경이 거스르지 않도록 대인 관계에서 말과 행동을 서로 조심해야 할 필요가 있으며, 괜히 시비나 비방으로 오해가 될 만한 행동은 서로 피해야 할 것이다.

라. 규칙적인 공부 습관과 공부 시간 확보 필요성

기상 시간을 일정하게 하여야 하고, 수험 기간이 장기간이므로 과로와 밤샘은 피해야 한다. 기숙사 생활을 하지 않고 단독 거주를 하거나 원거리에서 출퇴근하는 경우 규칙이 무너질 수 있고 출퇴근에 불필요하게 상당 시간이 소요될 수 있으므로 원거리 출퇴근은 피하는 것이 좋고, 기상 및 도서관 도착 시간을 규칙에 맞게 지킬 것이 필요하다. 그리고 공부 시간 확보가 중요하므로, 불필요하게 휴식 시간 내지 식사 시간이 길어지는 것은 피해야 한다. 따라서 휴식이나 식사 시간을 일정 시간을 갖는다고 보기보다는 몇 시부터 몇 시까지만 식사를 위해 도서관 자리를 비울 수 있다고 보아야 할 것이고, 중간의 휴식 시간은 10분을 넘지 않도록 짧은 휴식을 취하는 것이 좋다.

마. 규칙적인 운동과 슬럼프 관리

장시간 책만 볼 경우 집중력과 효율성이 떨어지므로 하루 중 일정시간 운동이나 취미 생활을 권한다. 내 경우, 17시에 도서관에서 일어나 400m 운동장을 12바퀴 내외(5km정도)를 뛰고, 샤워하고 저녁 식사까지 마치고 19시 이전에 다시 도서관 자리에 앉아 23시까지 집중하여 당일 공부 진도량을 채우는 방식을 사용했었고, 저녁에도 집중이 잘 되지 않고 잡생각이 날 경우 22시부터 다시 6km 정도 운동장을 뛰는 방법으로 건강관리와 슬럼프 관리를 했었다.

힘든 공부를 하다 보면 슬럼프는 불가피하게 올 수도 있는데, 함께 공부하는 다른 동료들의 공부에 방해되지 않도록 해야 할 것 같다(내 경우, 오전은 어떻게든 도서관에서 버티고 함께 공부하는 동료들에게는 말하지 않고 홀로 오후부터 밤늦게까지 영화를 3편 내지 4편을 보고 맥주 2캔 정도 하면 대부분의 슬럼프는 해결되었던 것으로 기억되는데, 슬럼프를 빨리 벗어나는 각자의 방법을 하나 정도 가지고 있는 것이 좋을 것 같다).

3. 전 과목에 대한 대비

가. 편중되지 않은 전 과목 시험 대비

공법, 민사법, 형사법, 선택 과목 어느 과목에서도 과락이 나서는 안 되므로, 특별히 취약한 과목이 있어서는 안 되고, 어떤 과목에서 어떤 유형의 문제가 출제되더라도 최소 50% 이상의 점수는 얻을 수 있도록 고른 시험 준비가 필요하다. 이를 위해서는 특별히 예상 문제만 찍어서 공부해서는 안 되고 전 범위의 주요 쟁점과 목차를 시험 직전까지 반복해서 보고 시험장에 들어가야 한다. 이를 위해서는 공부 방법론과 단권화가 필요하다.

선택 과목의 경우 실무에서의 전문 분야와 크게 연결되지 않으므로 시험 준비에 부담이 적고 다수 수험생이 선택하는 과목으로 하여도 크게 문제되지 않을 것 같다(나는 사법시험 1차 과목으로 경제법과 형사정책을 선택하였는데, 솔직히 그 이유는 이를 선택한 전체 수험생 수가 많아 소위 불의타에 해당하는 위험부담을 피할 수 있는 가능성이 높았고, 책이 얇아서 암기량이 적을 것 같아서였고, 사법연수원 선택과목으로는 EU법을 선택하였는데, 실무에서 유럽 관련 소송은 물론 상담 문의 자체도 없었으며, 전혀 공부하지 않은 평균임금사건 처리를 위해서라면 노동법은 실무에서 닥쳐서 공부할 수밖에 없고, 보전처분 내지 민사집행법의 경우 대부분 실무에서 사건을 처리하면서 관련 서적을 찾아보다가 제대로 공부하게 된다).

나. 공부 방법론

시험 준비를 위한 공부의 순서는 ① 통독, ② 이해를 토대로 한 정독, ③ 정리, ④ 암기의 순서가 있다. 1학년 초반의 경우 시험 과목의 전체 틀이 어떠한지와 흥미를 불러일으키기 위한 통독이 필요하고(학원 동영상 강의를 청취하면 좋을 단계다), 1학년 겨울방학부터 2학년 여름방학 종료 시까지는 사례를 연상하면서 공부하는 정독 단계에 들어서야 하고(이때까지 선택형 기출문제 풀이와 오답을 정리하는 작업을 마치면 좋을 것 같다), 2학년 겨울방학부터는 정리 단계에 들어가야 하고(암기할 요건 등에 대한 두음문자 암기를 이때 사용하면 적절할 것 같다), 3학년 여름방학 때부터는 과목별 진도를 일별로 미리 편성하여 암기 작업에 들어가야 할 것으로 보인다.

어느 수험서를 택하여야 하는지, 어떻게 공부를 해야 하는지 법학에 대하여 초학자의 경우 생소하여 어려움을 있을 것 같다. 수험서는 전국 수험생들이 가장 많이 보는 수험서 중 가능하면 교수님이 집필한 기본서로, 수권이 있을 경우 가능하면 얇은 수험서로 택하는 것이 무기대등의 원칙 내지 위험부담분산의 원칙상 좋을 것으로 보인다.

책을 어떻게 보아야 하는지 어려움이 있을 수 있는데, 사법시험이나 관련 시험 경험이 있는 유경험자의 공부 방법과 정리된 책을 참고해도 좋고, 합격한 선배들의 책을 한번 보는 것도 좋을 것 같다. 그리고 기본서를 보는 궁극의 목표는 변호사 시험의 답을 맞히고 답안 작성을 하기 위한 것이므로 진도별 공부를 하는 과정에서 3시간 공부면 20분 정도 공부하고 있는 진도 범위 내의 기출문제와 답안 예시를 보고 정해진 기본서의 진도를 공부하는 것이 좋을 것 같다(따라서 스터디를 기출문제 풀이 스터디를 하는 것도 좋은 방법이다).

그리고 가장 효율적인 공부 방법은 시험을 직접 치르면서 공부하는 것이 가장 좋으므로 가능한 한 많은 시험을 보고 본인의 답안이 어느 부분이 왜 틀리고 있는지 확인하면 어떻게 공부해야 하고 책의 어느 부분을 집중 있게 보아야 하고 어느 부분을 암기해야 하는지 알 수 있다. 시험 보는 것이 두려울 것이지만 충분히 공부가 된 후 시험을 치를 시간은 절대 오지 않을 것이다. 나의 경우 사법시험 7개월 전부터는 5개월 정도 매일 시험 보는 강의를 수강했던 적이 있는데, 성적까지 석차별로 공개해서 쪽팔리고 힘들었었는데, 시험을 치러 보고서야 다음날 시험 준비 대비 기본서를 어떻게 정리할지 감이 잡히기 시작했고, 그때서야 단권화 방법을 알게 되었다.

다. 단권화

시험 직전까지 공부한 내용을 하나의 책으로 정리하고 암기를 잊지 않기 위해 정리하는 것을 단권화라 하는데, 시험 과목이 다수이고 시험장에서의 긴장과 피로, 기억력 후퇴, 당황되는 심리 등을 고려하면 단권화 작업은 반드시 필요해 보인다. 따라서 처음에 단권화할 책을 너무 욕심내지 말고 택한 후 계속 반복하고 정리(강의 교재와 다른 경우 강의에서 언급된 추가 내용이나 선택한 기본서의 특정 부분의 내용이 답안 작성과 거리가 먼 부분이 있는 경우 변경해가는 방법)해 나가야 한다.

쟁점이나 문제 제기는 분홍색, 학설 제목과 논거 단어 2개는 파란색, 판례 입장과 논거 단어 2개는 붉은색 펜으로 밑줄 치거나 첨가하여 기재하는 방식을 사용하거나, 단권화 대상 기본서에 없는 판례나 쟁점은 여백에 추가하거나 표를 출력하여 오려 붙이는 방법, 시험 출제 가능성이 없는 부분은 두 줄이나 특정 단원 내지 한 페이지 전체를 연필로 X 표시를 하는 방법으로 삭제하는 작업도 단권화 작업의 일종이다. 즉, 시험 출제 예상 쟁점이 나올 수 있는 부분과 관련하여 답안에 작성할 단어 문구만 볼펜 내지 형광펜 등으로 밑줄을 치는 것이다(지워지지 않는 볼펜 등이므로 이 작업은 대개 2학년 겨울방학부터 시작하는 것이 좋을 것이다).

4. 민사법 방법론

가. 민법의 경우

누가 누구에 대하여 무슨 청구 권원에 기하여 무슨 권리를 갖는지,

그 권리 발생을 위한 요건이 무엇이고 그 효과로서 어떤 청구들을 할 수 있는 것인지를 다루는 법인데, 가장 방대하고 변호사 시험의 배점이 높고 보전소송, 민사소송, 민사집행 등 관련 법령들의 법리 내지 쟁점까지 포함되어 논리와 판례가 전개되고 있어 법학 시험에서 가장 큰 걸림돌이 될 것이며, 실무에서도 가장 기본이 되면서도 난해한 부분이고, 아무리 공부를 하더라도 정복하기 어려운 과목이다.

따라서 기본서를 보면서 잘 이해가 되지 않는 부분들이 있더라도 (가령, 채권가압류 내지 배당 문제), 우선 포스트잇으로 체크하거나 물음표 표시만 해놓고 3년 정도에 다시 한 번 본다는 생각을 하는 것이 좋을 것이다.

그리고 민법의 큰 틀은 청구권원별 권리(이것이 민소법에서 구소송물이론과 연결된다)와 이를 위한 요건(공격 방법으로서 청구 원인의 요건 및 이에 대한 부인)과 피고로서 항변(방어 방법으로서 요건과 이에 대한 부인), 재항변의 요건과 효과를 다루는 것이므로 방대한 기본서를 보면서 어느 권리의 요건을 보고 있는 것인지, 항변의 요건으로서 시효중단항변 중 채무 승인인지, 소멸시효이익의 포기 항변으로서 일부 변제로서 일부 배당을 받은 사실에 대하여 공부하고 있다는 점을 알면서 기본서를 보아야 한다. 즉, 나무의 세부적 줄기를 공부하면서도 전체 숲의 어느 부분에 있는 나무인지 위치를 생각하면서 구체적 쟁점을 공부해야 한다.

기본서를 집중해서 읽기만 해서는 기억에 남지 않고 변형되는 시험문제의 해결 능력과 연결이 되지 않으므로 항상 원고, 피고, 소외인 또는 갑, 을, 병, X토지, Y건물 등 어떤 사실관계에서 누가 누구를 상대로 어떤 소송을 하고 있는 것인지 사실관계를 머릿속에 그리면서 기본서를 읽는 것이 시험문제 풀이에 도움이 될 것이다.

그리고 소송물의 청구권원(또는 소송물발생을 위한 공격 방법 내지 항변의 권원)이 중요하고 조문 자체가 선택형에 출제되기도 하므로 민법의 경우 조문 노트로 별도로 정리하며 민법 조문을 공부하고 암기했었다(민법 기본서를 정독할 때 집중력이 흐트러지거나 졸릴 때 중요 조문별 판례만 조문 노트에 정리하는 것도 좋은 방법 같다).

나. 선택형 문제 대비

문제당 주어진 시간이 항상 부족하므로 문제의 사실관계를 서둘러 파악할 필요가 있으므로 모든 기출문제를 풀어 보아야 하고, 출제될 유형별 문제의 기본 메모 방식(가령, 채권자대위권은 어떤 그림 순서로 머릿속에 메모할 것인지, 점유취득시효는 어떤 방식으로 메모할 것인지)을 미리 예상하고 문제 푸는 속도를 빨리해야 할 것이고, 확실한 지문은 슬래쉬로 지우는 방식으로 다시 고민하지 말아야 한다.

다. 사례형 문제 대비

선택형 문제와 접근 방법이 조금 다른데, 선택형 문제의 경우 문제의 이해와 정답의 선택이 필요하지만, 사례형 문제는 답안 작성이 필요하므로, 항상 목차 제목, 목차 내에 나와야 할 핵심 쟁점 단어와 학설 문구 및 판례 입장 및 문구, 요건 암기가 필요하다. 그리고 답안 작성에 익숙하지 않은 경우 답안 작성 자체가 되지 않는 경우가 많으므로 가능하면 리딩케이스가 되는 기출문제의 답안을 암기하여 책을 덮고 암기한 대로 작성해보는 연습을 해볼 필요가 있고(이 방식으로 사례 대비 스터디를 많이 하기도 한다), 시간이 부족할 경우 문제 내용과 답안 내용을 암기한 후 사례 문제집을 덮고 말로 해보는 공부 방법을 취하는 것도 시간 대비 효율성이 높은 방법이다(나는 사례 문제와 그 답을 암기하여 1인당 2문제씩 서로 말을 해보는 방식을 사용했는데, 처음에는 말해야 할 핵심 단어를 추출하지 못해 벙어리처럼 말을 더듬다가, 몇 번 해보고 익숙해지자 말로 할, 즉 답안에 작성할 목차 제목과 단어만 추출하여 암기하는 데에 익숙해져서 기본서의 중요 부분에 비중을 두어 공부하는 데에 큰 도움이 되었다).

5. 결어

모든 시험은 "나는 분명히 합격하기는 할 것인데 언제 합격할지만 문제다"는 자신감 내지 신념을 전제 조건으로 하고(시험 결과에 대한 불안감이 있을 경우 시험 준비를 위해 집중할 수 없어 부정적 결과로 연결될 개연성이 높다), 규칙적인 생활과 철저한 자기 관리를 필요로 한다고 생각한다. 한번 선택한 법조인을 위한 길이므로 분명히 될 것인데 좀 몸이 힘들더라도 시간과 비용 절약을 위해 바로 되자는 생각으로 건강관리, 슬럼프 관리를 잘하면서 규칙적으로 수험 생활을 하시면 모두 좋은 결과가 있으리라 확신한다.

거시적으로는 유능하고 올바른 전문 법조인 양성이 바람직한 공부 방법일 것이지만, 시간상 미시적 목표인 변호사 시험 합격의 전제 조건이 필요하다. 모든 시험은 문 닫고라도 합격만 하면 되는 것이고(나의 경우 민사소송법의 용어 자체가 어렵고 절차도 생소하여 이해와 공부에 어려움이 있었는데, 시험 기간이 얼마 남지 않아 어쩔 수 없이 두음문자 암기식으로 기본서의 중요 목차와 요건 전부, 판례 입장과 논거 단어 2개를 암기하고 사법시험에 임했는데, 이후 실무에서야 민사소송법을 이해하게 되었고, 사법시험 과정에서 암기했던 두음문자가 지금도 어렴풋이 기억이 나서 현재도 잘 활용하고 있다), 다른 사람의 결과는 어떻게 되더라도 일단 나는 먼저 되어야겠다는 자세가 필요하고 학교 성적과 무관하게 최종 결과는 변호사 시험 합격이므로 이를 위해 나를 포함하여 모두 정진하여야 할 것으로 생각한다.

이상에서 본 바와 같은 내용은 두서없이 나의 짧은 생각을 적은 것으로 부적절하거나 부족함이 많은 공부 방법론일 수도 있는데, 그냥 이런 방식으로 공부를 한 사람도 있다고 선해하여 주기 바란다.

제6절

민사 기록형 공부 방법

김학기

전북대학교 법학전문대학원 교수, 법학박사, 변호사, 민법 전공

Ⅰ. 민사 기록형 일반론

1. 민사 기록형 시험의 특징

당사자로부터 사건을 수임한 변호사로서 당사자가 원하는 위임 사항을 정확하게 파악하고 이를 소장 청구 취지를 기재례에 따라 기술하고 청구 취지를 이유 있게 하는 청구 원인 사실을 요건 사실에 맞게 사실관계를 정리하고, 민법 · 민사소송법 · 민사집행법 · 상법 등의 법리와 판례를 기준으로 주어진 사실관계와 증거관계를 검토하고 원고의 권리가 있음 또는 피고의 의무가 있음을 기술하여 소장을 작성하거나, 제시된 소장에 대한 답변서 또는 준비 서면을 작성하도록 하는 것이 민사 기록형 시험이다.

2. 기록형 시험의 출제 범위는 다소 변동이 있지만 사법연수원 교재 요건 사실에 있는

① 매매계약에 기한 청구

② 대여금반환청구

③ 소유권에 기한 부동산인도청구

④ 소유권이전 · 근저당권설정 등기청구 또는 말소등기

⑤ 임대차계약에 기한 청구

⑥ 사해행위취소 청구

⑦ 전부금, 양수금, 추심금 청구

⑧ 어음 수표금 청구가 현재의 기준이다.

3. 중요 논점은 반복 출제

기록형 시험에서(사례형이나 선택형에서도) 반복해서 출제되는 채권자대위권, 상계(상계적상, 상계할 수 없는 채권, 자동채권과 수동채권 등을 정리해 두어야 한다. 기록 시험에서는 상계한 후 나머지 금액을 청구하는 것이므로 상계적상 당시 소멸되고 남는 금액을 정확히 계산해야 한다), 채권자취소권, 채권양도, 임대차에 대한 논점은 민법 교과서 해당 부분을 5~10회독 이상 하고, 소유권이전등기와 말소등기, 근저당설정등기 말소등기와 부기등기 등에 관하여 판례의 입장을 정리하고, 민사집행법 분야에서는 채권압류와 추심명령 · 전부명령, 가압류와 가처분, 청구이의의 소, 집행권원에 관하여 확실히 정리하여 이해해야 한다. 특히, 채권자대위권, 상계, 임대차에 관한 논점이 반복하여 출제되고 있다.

4. 민사 기록형에서 특히 중요한 점

가. 채권자대위 소송 구조의 파악

다만, 사례형과 달리 기록형에서는 채권자대위소송의 의의, 요건, 효과로 분류하여서까지 당해 사건의 논점이 아닌 것을 설시할 필요 없고 결론만 활용하면 족함. 자세히 써도 배점이 없음. 피고 최성규는 무자력이므로 위 피고를 대위하여 …로 족함.

※ 채권자 대위권 행사 요건을 정리하고 완전히 이해해야 함.

❶ 통설인 소송담당설과 판례는 대위소송의 소송요건사실로 ① 피보전채권 존재와 변제기도래, ② 보전필요성, ③ 채무자의 권리불행사, 청구요건사실로 ④ 피대위권리의 존재가 필요하다고 본다. 채권자대위소송의 채권자는 채무자가 제3채무자에 대한 권리를 행사하지 아니하는 경우에 한하여 채권자가 자기의 채권을 보전하기 위하여 행사할 수 있는 것이어서 채권자가 대위권을 행사할 당시는 이미 채무자가 권리를 재판상 행사하였을 때에는 설사 패소의 본안판결을 받았더라도 채권자는 채무자를 대위하여 채무자의 권리를 행사할 당사자적격이 없다(대법원 1992. 11. 10. 선고 92다30016판결). 따라서 ⅰ) 채권자는 자기의 권리가 아닌 채무자 권리를 행사하는 것이고, ⅱ) 당사자적격의 요건은 위 ①~③이며 이 중 하나라도 흠결되면 당사자적격 없어 소 각하한다(이는 주장 자체로 당사자적격이 인정되는 이행의 소의 예외이다). ⅲ) 소송물(=청구, =본안적격)인 ④ 피대위권리가 없으면 청구 기각한다. 다만, 피보전채권이 금전채권인 경우 채무자의 무자력은 필요하나 특정채권인 경우 채무자의 무자력은 대위소송의 요건이 아니다(대법원 1992. 10. 27. 선고 91다483판결).

독립한 대위권설(자기권리 행사설)에서는, ⅰ) 채권자는 자신의 권리(민법 제404조 채권자대위권)를 행사하는 것이다. ⅱ) 당사자적격은 이행의 소의 원칙에 따라 주장자체로 구비되어 소 각하할 수 없다. ⅲ) 소송물은 민법 제404조의 채권자대위권의 요건사실(주요사실)은 ①②③④이다. 이 중 하나라도 흠결되면 청구 기각한다는 소수설이 있고, 이는 판례를 비교하여 이해하기 위함이나 기록형에서는 몰라도 무방하다.

결국 채무자의 권리를 전제로 하는 대위권이라는 권리의 속성을 고려하여 일응 통설 판례가 타당하다고 본다.

❷ 이행의 소는 항상 이행 대상자가 있다.

ⓐ 대위에 의한 말소등기를 청구한 경우에 소장의 청구 취지나 인용 판결의 주문에 말소등기의 이행상대방은 피대위자(채무자)로 기재한다(대법원 1966. 9. 27. 선고 66다1149판결).

ⓑ 다만, 피대위자가 아닌 대위채권자인 원고에게 말소등기 절차를 이행하라고 하여도 그 판결에 기한 말소등기에 따른 등기상태는 채무자 명의로 돌아가는 결과는 동일하므로 위법은 아니다(대법원 95. 4. 14. 선고 94다58148 판결).

❸ 집행채무자의 채권자가 그 집행채권자를 상대로 부당이득금 반환채권을 대위행사 하는 경우 집행채무자에게 그 반환의무를 이행하도록 청구할 수도 있지만, 직접 대위채권자에게 이행하도록 청구할 수도 있다(대법원 2005. 4. 15. 선고 2004다70024판결).

나. 상계

(1) 상계 도달주의

상계는 상대방이 있는 의사표시이므로 상대방에게 도달되어야 효력이 발생하고(민법 제111조 제①항), 상계 의사표시의 도달 사실은 상계의 요건 사실이므로 도달일을 기록에서 찾아 기재해야 함.

(2) 상계적상

상계하면 상계적상일까지 소급하여 대등액만큼 각 채권이 소멸하므로 상계적상일을 확정해야 함. 상계적상일을 기준으로 나머지를 소구하게 되므로 상계적상일 확정이 틀리면 상계되는 액수가 달라서 청구 금액이 틀리게 됨.

따라서 상계적상일 확인이 중요

· 이행기가 있는 양 채권의 상계적상일은 양 채권 중 변제기가 늦게 도래하는 날임. 수동채권은 그 변제기가 도래하지 않았다고 해도 그 기한의 이익을 포기할 경우에는 바로 상계할 수 있다(대법원 1980. 9. 9. 선고 80다939판결).

· 상계한 후 계산이 복잡하면 무조건 상계적상일을 잘못 잡은 것임.

(3) 상계를 기술할 곳

· 담보가등기를 대위로 말소를 청구하기 위해서는 담보 채무가 상

계로 소멸되어야 하므로 가등기 말소등기 청구 부분에서 상계하는 것이 청구 원인 설시가 자연스러움. 임대보증금 반환청구 부분을 먼저 설시한다면 그곳에서 상계하고 나중에 가등기말소 부분에서 인용하여야 할 것임.

· 상계하려면 각 자동채권과 수동채권을 확정하여야 하므로 그 자동채권으로서 피고 최성규에 대한 피고 대영의 임차보증금반환채권과 수동채권으로서 피고 대영의 대여금채권을 확정해야 하고, 그다음 상계 의사표시와 상계적상에 따라 상계로 소멸하고 남은 채권을 계산해 내고 남은 채권액을 청구 취지에서 청구함.

※ 대법원 1980. 9. 9. 선고 80다939판결: "채권자에 의하여 채무자의 제3채무자에 대한 채권에 대하여 채권압류 및 전부명령이 있는 경우 제3채무자는 그 명령이 송달되기 이전에 채무자에 대하여 상계적상에 있었던 반대 채권을 가지고 있었다면 그 명령이 송달된 이후에 상계로서 전부채권자에게 대항할 수 있고, 그 상계적상에는 양 채권이 모두 그 변제기가 도래한 경우는 물론 수동채권에 관한 변제기가 도래하지 않았다 하더라도 그 기한의 이익을 포기할 수 있는 때이면 이런 것도 포함된다. 그러나 자동채권에 관한 변제기가 위 명령송달 이전에 도래하지 아니한 경우에는 상계적상에 있는 것이라고 할 수 없다.

그런데 원심이 적법하게 인정한 본 건의 사실관계를 보면, 제3채무자(피고)가 주장하는 자동채권인 제3채무자의 채무자(소외인)에 대한 대여금의 원리금 채권은 그 변제기가 1979. 2. 23.이고, 이 건 전부명령이 피고에게 송달된 날짜는 위 피고채권의 변제기 이전인 1979. 2. 3.이므로 본 건 전부명령이 피고에게 송달될 당시에는 피고의 위 소외인에 대한 위 대여금의 원리금 채권은 상계적상에 있지 않았음이 명백하다. 그렇다면 피고의 소론 항변은 피고가 위 소외인에 대하여 피고 주장과 같은 대여금 채권을 가지고 있었던 사실의 유무를 판단할 필요 없이 이유 없다."

※ 관련 법조문

- 제495조(소멸시효 완성된 채권에 의한 상계) 소멸시효가 완성된 채권이 그 완성 전에 상계할 수 있었던 것이면 그 채권자는 상계 가능.
- 제496조(불법행위채권을 수동채권으로 하는 상계의 금지) 채무가 고의의 불법행위로 인한 것인 때에는 그 채무자는 상계로 채권자에게 대항하지 못함.
- 제497조(압류금지채권을 수동채권으로 하는 상계의 금지) 채권이 압류하지 못할 것인 때에는 그 채무자는 상계로 채권자에게 대항하지 못한다.
- 제498조(지급금지 채권을 수동채권으로 하는 상계의 금지) 지급을 금지하는 명령을 받은 제3채무자는 그 후에 취득한 채권에 의한 상계로 그 명령을 신청한 채권자에게 대항하지 못한다.

다. 임대차 관련 논점과 상가 건물 임대차보호법 적용 범위

❶ 토지 임차와 관련한 임차토지상의 건물매수청구권 요건을 검토하고,

❷ 제3자에 의하여 임대보증금 반환 채권에 대하여 가압류된 경우 임대인과 임차인이 임대차 관계는 더 갱신할 수 없으므로 임대차의 묵시의 갱신도 인정될 수 없음.

❸ 3회 이상 임료를 일부 연체하여도 2기의 임대료를 초과하지 아니하면 임대차계약을 해지할 수 없다.

→ 상가 임대한 경우만 해당하고, 임차상가의 인도와 사업자등록을 해야 대항력이 있고, 우선변제권은 확정일자를 받아야 함.

→ 토지 임대하여 상가 건축한 경우는 해당되지 아니함.

→ 상가건물 임차 보증금 서울 4억 원 기타 지역 3억, 2억 4천만, 1억 8천만 원 등으로 차등되어 보호 범위가 한정되어 있고, 월세가 있는 경우 대통령령이 정하는 비율로 다시 환산 보증금 액수로 상가임대차법 적용 여부를 정하고, 또 계약 갱신을 거절할 수 있는 사유가 많아서(10조 1항 단서) 결국 상가임대차보호법이 적용되는 논점은 출제될 가능성은 매우 적음.

라. 채권자 취소소송

❶ 기재례 청구 취지 2개: 채무자와 수익자 사이의 사해행위 취소의 청구 취지, 수익자 또는 전득자로부터 채무자에의 원상 회복하는 내용의 청구 취지

❷ 채권자 취소권에 관련된 판례는 논점을 정리해야 함.

마. 채권양도와 관련된 논점 정리 하고 기재례 숙지

❶ 채권양도(통정허위표시라고 하여도)가 먼저 이루어지고 압류 전부명령이 이루어졌는데, 이 경우 압류 및 전부의 채권이 없어서 압류 전부명령이 무효가 되는 것은 아닌가? → 채권양도가 먼저 이루어졌다고 하여도 가장양도로서 통정의 허위 표시에 해당하여 무효에 해당하면 그 후에 이루어진 전부명령이 유효하다.

❷ 의뢰인이 양수금채무부존재확인을 구하고 싶다고 했는데도 이를 무시하고 가령 채권자 취소를 주장하지 않도록 한다.

❸ 채권양도 승낙의 의사표시 기재례

바. 각, 연대하여, 공동하여

❶ 각 피고가 각 개별적으로 모두 지급하는 경우: 피고들은 각 1,000원을 지급하라.

❷ 연대채무, 연대보증채무: 피고들은 **연대하여** 1,000원을 지급하라.

❸ 공동불법행위: **공동하여** 1,000원을 지급하라.

II. 민사 기록형 작성 요령

1. 기록을 처음 읽을 때 상담 기록 또는 주어진 문제의 요구 사항을 파악하여 그 관련 내용을 찾듯이 검토하면서 읽어야 하고 작성 요령도 중시해야 한다.

2. 요구 사항이 가능하도록 기록 내의 사실관계를 메모하면서 파악하여 당사자 간의 법률적인 거래 관계를 도표로 표시하여 기본 체계도를 작성하고 각 당사자 간의 법률관계를 검토하여 청구 원인을 사람별로 작성할 것인지 쟁점별로 작성할 것인지를 결정해야 하는데 이때의 기준 역시 문제의 요구 사항에 따른다. 메모는 통상적으로는 각 당사자당 청구가 많으면 각 당사자에 대한 청구별로 분류하여 청구 원인과 항변 사항으로 구분하여 하나의 청구에 여러 당사자가 관련되어 있으면 각 청구별로 구분하여 메모한다.

3. 기본 골격도를 작성한 후 이에 따라 초안의 청구 취지가 모두 인용되더라도 이 건 의뢰인의 요구 사항을 충족하는지 청구 취지를 검토하여야 한다.

	청구원인사실	항변
피고 000에 대한 청구		

4. 기타

가. 답안지 지면 충분한 활용 필요

답안지 제1쪽에는 소장, 원고, 대리인, 피고, 사건명을 쓰고
제2쪽에는 청구 취지(두 줄 내지 한 단락 쓰고 한 줄 띄우기)
제3쪽에는 청구 원인(한 단락 쓰고 한 줄 띄우기)

나. 요건 사실 기재례를 특별한 사정이 없는 한 主時相目行(주어, 때, 상대방, 목적 또는 대상, 행위)의 순서로 기재.

※ 기재례: 원고는 2015. 5. 27. 피고에게 삼성노트북(N520) 10대를 대금 700만 원에 대금지급기일은 2015. 8. 27.로 정하여 매도하고 같은 날 위 노트북 10대를 인도하여 주었습니다.

다. 기출문제와 답안을 기본 교재로 - 답안 복기

법무부 변호사 모의시험 문제와 답안을 3년 것을 숙지한다. 답안의 각 기술 사항이 기록 어느 부분에서 인용되었는지를 철저히 복기한다. 답안의 각 기술 사항의 출처와 의미를 이해하지 못하면 제대로 된 답안을 작성하는 것은 불가능하다. 좋은 답안 3개 정도를 골라 암기할 정도로 10회 정독한다. 청구 취지와 청구 원인을 본인 음성으로 녹음하여 수시로 듣는다.

Ⅲ. 2015년 제3회 변호사 모의시험 작성례

1. 요구 사항

제3회 변시 모의시험에 원고가 될 의뢰인과 요구 사항이 명시되어 있음. 그 요구 사항을 이루는 사실관계를 상담 내용과 기록 내 각종 계약서, 통지서, 내용증명, 확인서, 진술서, 각서 등에서 보물찾기하듯 찾아내야 함. 기록에 첨부된 위 각종 서류는 의미 없는 것은 전혀 없음. 기록을 검토하고 답안을 작성하면서 어떤 서류의 존재 의미를 알 수 없을 땐 논점 일부를 빠뜨린 것으로 보고 이를 다시 검토하여 찾아내야 함.

2. 메모

■ 당사자가 통지서 등에서 주장한 것이라도 타당한 법적 근거가 없는 것은 최소한으로 간단히 언급하여 부당함을 적시하여 논점을 놓치는 것을 방지하고 다음으로 넘어가야 하지만 타당한 법적 주장에 대하여는 반드시 검토하여야 함. 통지서 답신(기록10면) 4항에서 2014. 4. 6. 이후 어음할인금 1억 원과 지연손해금도 변제해야 한다고 주장하는 우리은행의 주장은 근저당권으로 담보되는 채무는 아니지만 피고가 채무 액수에 대하여 다투고 있으므로 장래 이행의 소의 미리 청구할 필요라는 소의 이익이 인정된다는 점에 의미가 있음을 간파해야 함.

■ 특히 상담 기록과 문제에 의뢰인이 두 명이고 요구 사항이 있는데도 이를 무시하고 원고가 한 명이거나 다른 내용을 청구함은 대단한 잘못임. 기록을 쓸 때는 항상 물음에 답하고 있는지 의식을 가져야 함(사례형 답안 작성할 때도 동일함).

3. 기본 골격도

어음할인 대출금 1억(12.9.27.)

최성규 〈———————————————————— 우리은행

↑

11.4.28. 근저당권설정 〈—— 12.9.30. 경매신청

현대아파트(1부동산) ——〉 12.11.27. 1억 변제

최종일——13.5.30. 매수 · 이전등기————————〉 정상민

12.11.27. 대여금 1억 등

13.6.30. 3억 대여

————————〉 13.7.7. 1억 대여

최종일 〈———————— 피고 최성규 ———————— 회사 대영

13.6.30. 대여금1억 등에 ↓ 이전부기등기 ↑

대물변제예약(포이동 잡종지) 〈——————— 03.7.7. 성익필 가등기

(2부동산) ↓

↓

↓

↓ 풍림아파트(3부동산)

13.6.20. 임차 보증금 2억 4천 ↓ 소유권이전등기

↓ 〈——————

송기만 —————〉 대영

(임대인) 15.7.6. 이전등기말소

4. 당사자 표시와 사건명

· 피고 우리은행, 피고 대영 → 피고 주식회사 우리은행, 피고 대영프로젝트 주식회사

· 원고 최종일의 주소는 마지막 것으로 기재해야 함.

· 사건명은 비슷하게 쓰기만 하면 2점인데 안 쓴 답안도 있다.

5. 청구 취지

가. 청구취지 기재례 창작 금지 원칙

· 변형하면 그만큼 틀린다.

· 청구 취지 기재례 중요한 약 20개를 이해한 후 암기해야 함(암기가 되어 있지 않으면 창작하게 되고 시간 부족하게 됨).

· 사법연수원의 민사 실무을 통독한 후 청구 취지 기재례 중요한 약 20개를 이해 후 암기 요망. 각 기록마다 청구 취지와 청구 원인의 연계성을 파악하는 훈련을한다.

나. 제3회 변시 채점 기준표 소장의 청구취지

■ "1.피고 주식회사 우리은행은 ~ 제5217호로 마친 근저당권설정등기에 대하여 '확정채권변제를 원인으로 한' 말소등기절차를 이행하라."로 되어 있는데, 사법연수원 민사실무II(2013년) 102

면 각주 1) 이 경우도 후발적 실효 사유에 의한 말소등기를 명하는 것이기는 하나, 이와 같이 선 이행을 조건으로 하는 경우 현재로서는 근저당권의 소멸 일자를 특정할 수 없으므로 소멸 사유를 기재할 수 없고 위 책 102~103면의 기재례 ④에서도 소멸 사유를 기재하고 있지 않음.

- 장래의 변제를 원인으로 한 근저당권말소청구에 있어서 청구취지에 '확정채권변제를 원인으로 한'이라는 문구를 쓰는 것이 원칙적인 것이기는 하지만 등기 실무와 관련해 볼 때에는 안 써도 무방함. 이는 이행 판결에 기한 등기(따라서 근저당권말소등기도 포함) 신청서에는 등기 원인 일자와 등기 원인을 기재하는 것이 원칙이지만, 판결 주문에 등기 원인과 그 연월일이 명시되어 있지 아니한 경우 등기 원인은 '확정판결'로, 그 연월일은 '판결선고일'을 기재하게 되어 있기 때문임(「판결 등 집행권원에 의한 등기의 신청에 관한 업무처리지침」, 등기예규 제1383호, "4.가." 부분).
- 다만, 가장 정확한 것을 추구한다면 위와 같은 문구를 기재하는 것이 바람직함. 소유권이전등기말소청구에 있어서는 소송물이 '말소청구권' 하나이고 개개의 말소 사유는 공격 방어 방법에 불과한 반면, 근저당권설정등기말소청구의 경우에는 소유권에 기한 방해배제청구로서의 근저당권말소청구와 근저당권설정계약에 기한 원상 회복으로서 말소등기청구를 하는 경우가 각각 소송물이 다르므로, 즉 기판력도 미치지 않으므로(대법

원 1993. 9. 14. 선고 92다1353판결), 말소의 원인을 명확히 밝히는 것이 가장 이상적임.

다. 잘못 쓰기 쉬운 것들

- 피고 우리은행, 피고 대영, 서울중앙지방법원 접수번호, 판결정본송달일부터, ~ 등기를 말소하라, 소유권을 이전하라, 등기를 하라. → 모두 틀림. 피고 주식회사 우리은행, 피고 대영프로젝트 주식회사, 서울중앙지방법원 등기국 000. 00. 0. 접수 제000호로 마친 근저당권, ~등기의 말소등기절차를 이행하라.
- 청구 취지에서는 법정이율, 소송촉진 등에 관한 법률에 의한 등을 기재하지 아니하고 연 5%의, 연 15%의 각 비율(이율이 아님)에 의한.

6. 청구 원인

문제와 요구 사항을 기본 골격도를 분석하여 청구 원인의 구성 체계를 세우되 청구 취지의 순서대로 청구 원인 체계를 세우고 요건 사실을 늘 염두에 두고 주시항목행 순서로 기술한다.

가. 장래 이행의 근저당권말소청구 요건 사실

① 원고의 당해 부동산 소유

② 근저당권 설정과 저당채무 확정

③ 피담보채권액 다툼 있음.

나. 소유권이전등기청구의 요건 사실

① 당해 부동산 양도 약정

다. 소유권이전등기청구가등기 말소의 대위 청구 요건 사실

① 피보전채권 발생 원인 사실

② 피고 대영의 가등기 경료

③ 위 가등기의 원인 무효(가등기에 기한 피담보채무와 피고 대영의 임대차보증금반환채무의 상계로 피담보채무 소멸한 사실)

④ 대위로 청구한다고 설시

※ 소유권에 기한 소유권이전등기말소등기의 청구의 경우

① 원고의 소유

② 피고의 소유권이전등기 경료

③ 등기의 원인 무효 요건 사실을 활용하고 대위청구이므로 대위소송의 요건 사실 중 필요 부분을 설시하면 됨.

라. 임대차보증금청구의 요건 사실

① 임대차계약의 체결

② 임대차보증금 지급

③ 임대차 종료와 대위청구의 요건 사실 중 채무자의 무자력을 설시하면 족하다.

7. 제3회 변호사 모의 기록에 대한 답안 중 잘못된 점

■ 송기만은 임차인지위를 상실하였고, 임대보증금반환의무도 면책되었으므로 보증금반환의무는 임대인의 지위를 승계한 피고 (주) 대영이 면책적으로 인수되었으므로 송기만은 피고가 될 수 없음. 송기만을 피고로 하면 당사자 표시에서 감점, 청구 취지에서 감점, 청구 원인에서 감점됨.

■ 원고 최종일의 소유권이전청구권가등기에 대한 가처분은 피고 대영의 가등기가 말소되면 직권 말소됨. 더욱이 원고 최종일의 가처분인데 이것은 무효이므로 가처분을 말소하라고 청구 취지에 기재함은 대단히 잘못된 것임. 원고가 자신을 상대로 소를 제기할 수는 없다.

■ 가처분은 문제시할 필요가 전혀 없음.

[요건 사실 참고례]

1. 매매대금 청구

가. 매매대금만 청구 → ① 매매계약체결 사실

나. 매매대금과 지연손해금 함께 청구

① 매매계약체결사실

② 대금지급기한도래

③ 목적물 인도사실

다. 피고가 원고의 이행지체를 이유로 법정해제 항변

① 원고가 채무이행을 지체한 사실

② 원고에게 상당한 기간을 정하여 이행을 최고한 사실

③ 원고가 상당한 기간 내에 이행 또는 이행 제공을 하지 않은 사실

④ 해제의 의사표시를 한 사실

라. 피고가 이행불능을 이유로 법정해제 항변

① 원고의 채무이행이 불가능한 사실

② 해제 의사표시를 한 사실

2. 대여금 청구

가. 대여금 반환 청구

① 대여사실(소비대차계약 사실+목적물 인도)

② 반환시기 도래

나. 이자 청구

① 원본채권발생

② 이자약정

③ 목적물의 인도 및 인도 시기

다. 지연 손해 금청구

① 원본 채권 발생

② 반환 시기 및 그 도과

③ 손해의 발생과 그 범위

라. 피고가 소멸시효 항변

① 대주가 특정시점에서 권리를 행사할 수 있었던 사실

② 그때로부터 소멸시효 기간이 도과한 사실

3. 소유권 이전등기 청구

가. 매매를 원인으로 한 소유권 이전등기 청구

① 매매 계약 사실

나. 진정명의 회복 위한 소유권 이전등기 청구

① 원고 소유

② 피고의 소유권 이전등기 경료

③ 등기의 원인 무효

다. 시효 취득을 원인으로 한 소유권 이전등기

①20년간 계속 자주, 평온, 공연한 점유

4. 말소등기 청구

가. 소유권에 기한 소유권 이전등기 말소등기 청구

① 원고의 소유

② 피고의 소유권 이전등기 경료

③ 등기의 원인 무효

나. 근저당권 말소등기 청구

※ 채권 관계인 경우

① 원피고 간의 근저당권 설정 계약

② 피고의 근저당권 설정 등기의 경료

③ 근저당권 소멸

※ 소유권에 기한 경우

① 원고의 소유

② 피고의 근저당권 설정 등기 경료

③ 근저당권 소멸

5. 부동산 인도 청구 등

가. 소유권에 기한 부동산 인도 청구

① 원고의 목적물 소유

② 피고의 목적물 점유

나. 소유권에 기한 철거 청구

① 원고의 토지 소유

② 피고의 지상 건물 소유

다. 소유권에 기한 퇴거 청구

① 원고의 토지 소유

② 피고의 제3자 소유 건물 점유

6. 임대차

가. 임대차 목적물 반환 청구

① 임대차계약의 체결

② 목적물의 인도

③ 임대차 종료

나. 임대차보증금 반환 청구

① 임대차계약의 체결

② 임대차보증금 지급

③ 임대차 종료

7. 부당이득반환 청구

① 피고의 수익

② 원고 손해 발생

③ 인과관계 존재

④ 법률상 원인 흠결

⑤ 이득액

8. 채권자 취소 청구

① 피보전채권의 발생

② 채무자의 사해 행위

③ 채무자의 사해 의사

9. 채권자대위소송의 대위권에 관한 요건 사실

① 피보전채권 발생 원인 사실

② 채무자의 무자력(보전의 필요): 특정채권은 불요

※ 항변 사항

①채무자가 권리행사를 한 사실

②채권자의 채권이 기한 미도래한 사실

※ 재항변 사실

①기한 도래 사실

② 대위의 법원 허가 받은 사실

③ 대위행위가 보존행위인 사실

※ 피대위채권에 관한 요건 사실

① 피대위채권의 발생 원인 사실

※ 항변사항: 제3채무자가 채무자에 대하여 가지는 모든 항변 사유(채무면제 등)

제7절

상법 공부 방법

양기진

전북대학교 법학전문대학원 교수, 법학박사, 상법 전공

1. 상법의 학습 범위

혹자는 공부에 왕도王道가 있다고 할지 모르나, 법전원 재학생들이 해야 할 다량의 공부에는 따로 왕도가 없다고 하는 것이 맞는다 할 것이다. 특히 민사법 과목에 속하는 상법의 경우 상법 한 과목에서 서로 다른 성격의 복수의 법들을 공부하여야 하기 때문에 제대로 공부하려면 부담이 큰 과목 중 하나에 해당한다.

변호사 시험의 민사법 시간에 시험을 치르게 되는 상법 과목은 민법에 비하여 배점은 1/3 정도에 불과하나 상법 과목을 위하여 공부해야 할 분량이 많아 결코 만만치 않다.

학년	1학기	2학기	비고
1학년	–	상거래법	
2학년	회사법 1 * 보험해상항공운송법	회사법 2 **	* 회사법 1은 전필 **종전의 유가증권법을 통합
3학년	회사법 연습	민사법 종합 연습 *** 상사법 종합 연습	***회사법 사례 연습을 시행

〈표 1〉 전북대 상법 현행 커리큘럼

위 〈표 1〉와 같이 우리 대학원의 현행 커리큘럼에 의하면 상법 과목에서 개설된 과목은 3년간 전체 7과목이며 총 21학점으로, 회사법1(2-1학기), 회사법2(2-2학기), 회사법 연습(3-1학기), 상사법 종합 연습(3-2학기), 민사법 종합 연습(3-2학기, 회사법사례연습 있음), 상거래법(1-2학기), 보험해상항공운송법(2-1학기)으로 이루어져 있다. 이는 어음법 및 수표법에 관한 종전의 유가증권법이 회사법 2로 통합됨에 따라 한 개 과목의 수강 부담이 줄어든 것이다.

2. 상법 시험 분석

이상의 과목에서 배운 지식은 변호사 시험에 막상 어느 정도의 비중으로 출제되는 것일까. 필자가 시험을 앞둔 대학원 학생들을 가르치는 상황에서 변호사 시험 기출문제를 분석하여 보았고 상법의 각 과목당 출제 비중은 현재까지 다음 〈표 2〉와 같은 것으로 보인다.[1]

분류	2012.1. 1회 변시	2013.1. 2회 변시	2014.1. 3회 변시	2015.1 4회 변시	2016.1 5회 변시
상거래	3	1	2	2	1
상거래/소송			**1**		
상거래/민법 등		1	1	1	1
회사	10	10	9	9	10
회사/민사		2	1		
회사/소송	**3**	**3**	**2**	**3**	**4**
어음수표	2	1	3	2	2
어음수표/민사				1	
어음수표/소송				**1**	

1 필자의 개략적 분류에 의한 것으로 문제를 보는 이마다 시각이 다를 수 있음을 일러둔다.

보험	2	1	1	1	2
보험/소송		1			
해상					
민사/상법/소송					
계	20	20	20	20	20

〈표 2〉 변시 기출 선택형 문제 출제 비중 분석

위 〈표 2〉에서 알 수 있듯이, 상법에서 가장 중요하고 비중이 큰 부문은 독보적으로 회사편(상법 제3편)이다. 회사법은 상법 사례형에서 회사법 1 및 회사법 2를 두루 뭉쳐서 출제되는 경향이며 이제껏 매년 20개가 출제되는 상법 관련 선택형에서도 매년 약 13~15개가 출제되고 있다. 반면에 기타 과목은 부진을 면치 못한다. 예컨대, 상거래법(상법 제1편 및 제2편)은 복합 유형을 감안하더라도 2개에서 최대 4개가 출제되어 왔으며, 어음수표법(유가증권법) 역시 1개에서 4개의 출제 비중을 가져왔다. 보험법(상법 제4편)은 매년 약 1개에서 2개 정도가 출제되고 있다. 해상법(상법 제5편)이나 항공운송법(상법 제6편)은 변호사시험에 아직 출제된 바 없다. 놓치지 말아야 할 것은 소송법과의 융합형 문제의 수는 매년 3개에서 4개 정도로 꾸준히 출제되고 있다는 점이다. 회사법 영역에서는 회사 소송에 관한 문제가 매년 2개에서 4개 정도로 출제되어 왔다. 이 점에서 볼 때 회사 소송에 관한 대비 역시 게을리할 수 없다.

3. 변시 상법 공부 방법

변시 상법 과목에 대비하는 수험생들은 3년의 제한된 시간을 효과적으로 사용하여 대비하지 않으면 안 된다. 이에 수강 부담으로 인하여 상법에 산재된 모든 과목을 다 수강하기가 쉽지 않아 모든 관련 과목의 수강을 권하기 어려운 현실을 감안하여 몇 가지 공부 방법론을 권하고자 한다. 이하의 공부 방법은 우리 법전원의 재학생들은 학문을 한다기보다는 시험을 치르고 변호사가 되는 것을 목표로 들어오는 것임을 전제로 제시하는 것임을 다시 한 번 강조하는 바이다.

첫째 방법은, 상법 공부에 입문하는 순간부터 변시 시험장에 가지고 들어갈 단권화 서적을 하나 고르라는 것이다. 단권화 서적은 자신이 보기 편하고 수험생들 간에 널리 검증된 것이 좋을 것이다. 교과서는 수험생들 간에 입소문이 난 것으로 하면 되며 굳이 수업 시간에 교수가 권하는 서적이 아니어도 좋다. 일찍 접하는 학생은 1-2학기 상거래법 시간부터, 적어도 2-1학기 전공 필수 과목인 회사법 1부터 상법 과목을 접하게 된다. 수업을 들은 부분이든, 듣지 않은 부분이든 자신이 보는 단권화 서적에 이를 정리하고 끼워 넣고 모르는 부분을 포스트잇 등으로 표시하여 자꾸 반복 학습을 하는 것이 좋다. 3학년쯤에 가서 어느 교과서로 단권화해야 할지 고민하는 학생은 이미 한참 늦었다. 남들은 땅을 파서 씨앗을 뿌리고 결실을 거두고자 한창 일하는 늦여름날쯤에 가서야 땅을 갈아엎을 쟁기를 '어, 이제 만들어야 하나?'라고 하는 것과 다름이 없다고 할 것이다.

두 번째로는, 2학년 겨울까지는 상법의 전 과목을 공부하는 것이 중요하다. 3학년에 올라가게 되면 6월경 시행되는 제1회 졸업시험을 시작으로 다음 해 1월 초에 변시 시험장에 들어갈 때까지 일련의 시험을 치르게 된다. 이 과정에서 졸업시험에서 자신감 있게 응시하려면 수험생 스스로가 모든 시험 과목에 대하여 중요 법리와 판례를 정리하였다는 자신감이 필요하다. 3학년 중반에 거둔 괜찮은 졸업시험 성적은 대부분의 경우 변시 합격과 유의미하게 연계되는 한편, 3학년 때 변시 합격 여부를 조기에 타진하고 시험 때까지 안정감 있게 공부할 수 있는 정신적 기반이 된다.

세 번째로, 상법의 경우 모든 과목의 모든 내용을 음미하면서 공부하기에는 시간적 제약이 너무 빡빡하다는 현실에 부딪히게 된다. 이 경우 추천하고 싶은 공부 방법론은 방점을 찍는 공부 방법론이다. 공부에 있어서 중요한 점과 중요하지 않은 점을 분별하여 중요한 부분을 표시하고 이를 제대로 음미하고 반복한다면 실제 시험에서 크게 놓치지는 않을 것이다. 이를 위하여 수업 시간에 교수가 강조하는 내용이나 판례가 많이 쌓여 있는 부분을 위주로 중요한 부분을 식별해내는 방법이 있다. 또한 무엇보다 과거의 변시 기출문제를 평소에 반드시 풀어볼 필요가 있다(경향 파악에도 중요하다). 그런데 변시가 5회밖에 실시되지 않아 아직 출제되지 아니한 중요한 부분도 적지 않으므로 시중의 문제집(선택형, 사례형)을 함께 참고할 것을 권한다. 처음 볼 경우 어느 부분이 중요한지 잘 알 수 없으므로 역으로 문제집을 먼저 훑어보고 중요 쟁점을 파악 후 해당 부분의 공부에 중점을 두는 것도 방법론이다.

바람직한 방법은 아니지만 시간이 없는 학생은 해상법 및 항공운송법이 이제껏 변호사 시험에 출제되지 아니한 점을 눈여겨 볼 수 있다. 그러나 출제 비중이 회사법에 비하여 크지 않다고 하여도 상거래법 및 유가증권법(현재는 회사법 2에 통합)을 무시하여서는 안 된다. 회사법 사례형 시험문제에 상거래법이나 유가증권법적 쟁점이 함께 출제될 가능성이 꽤 크다. 이미 상거래법 쟁점은 회사법 사례형(민사법 사례형 3문에 속함)에 이미 함께 끼워서 출제된 바 있다. 이 점에서 아무리 여유가 안 된다고 하여도 회사법 2를 꼭 수강하기를 권한다. 3학년 때 가서 회사법 연습 등의 과목에서 회사법 2를 상세히 설명해 줄 것을 바랄 수 없다. 또한 이제 회사법 2 수강을 놓치면 유가증권법은 사실상 수강할 기회를 상실하고 만다.

네 번째로, 어느 과목의 공부 방법에서와 공통적인 방법론이지만 스터디를 통한 공부를 하라는 것이다. 혼자 방에 틀어박혀서 공부할 경우 하루 이틀도 아니고 나태해지기 쉽다. 스터디를 운영해 나갈 경우 스터디 구성원들이 서로서로 큰 도움이 될 수 있는 까닭은, 모르는 것을 옆의 구성원과 얘기할 경우 훨씬 머릿속에 잘 들어와 박힌다는 것이다. 머릿속에서 혼자 굴리면서 생각할 것이 아니라 이를 입 밖에 내고 토론까지 벌인다면(여유가 되면 목차를 잡는 방식으로라도 써보는 것이 더 좋다) 매우 효율적인 공부 방법이 될 수 있다. 도서관에서 공부하는 것이 여의치 않은 경우에라도 스터디를 구성하라. 필자의 지도 학생이던 졸업생 중에는 3학년 때 시험 직전의 바쁜 와중에 공부 스타일상 기숙사 방에서 공부하면서도 나태해지는 것을 막고 스스로 채찍질하기 위하여 스터디 구성원들과 진도표를 짜고 아침마다 카톡방에서 서로서로 챙기면서 소위 카톡스터디를 진행하였다고 한다.

이상에서 평소에 가지고 있던 일반적인 공부 방법론을 권고하였다. 구체적인 방법론에 들어가면 각 수험생마다 개인적 선호도가 있을 것이나 큰 틀에서 참고가 될 것을 희망한다. 점점 어려워져 가는 시험 현실에서 나름대로 무게감을 갖고 공부하되, 건강 문제도 신경 써 줄 것을 당부한다. 변시 공부는 3년간 지속되는 마라톤이며 누구도 자신의 건강을 대신해줄 수 없다.

제8절

형법 공부 방법 I

송문호

전북대학교 법학전문대학원 교수, 법학박사, 형법 전공

1. 들어가며

형법 공부 방법도 다른 법 과목과 크게 다를 것은 없다. 선천적으로 성격상 법학에 재미를 느끼는 학생도 있겠지만, 법학은 사람의 감정을 대상으로 하거나 감각에 호소하는 학문이 아니기 때문에 훈련을 통해서 실력이 길러진다. 훈련은 인내와 반복을 요구한다. 끝까지 기본서를 읽어야 이해되는 부분이 많기 때문에 법학은 반복 학습 이상의 다른 왕도는 없다고 생각한다. 즉, 빠른 속도로 전체 윤곽을 이해하는 통독 → 꼼꼼하게 내용을 알아가는 정독 → 다시 전체를 이해하는 통독과 사례 연습 등 적절하게 자신에게 맞는 방법을 찾는 것이 중요하다.

또한 인간의 기억력에는 한계가 있어 공부한 내용이 자꾸 새어나가므로 밑 빠진 독에 물 붓기이기도 하다. 긴 시간 조금씩 물을 부으면 다 새어나가기 마련이다. 짧은 시간에 많은 양을 부어야 그래도 차오르는 것을 느낄 수 있다. 로스쿨 3년은 결코 긴 시간이 아니다.

수업 시간을 가볍게 여기는 학생이 있을 수 있다. 그러한 원인 중 하나는 교수님은 자꾸 원리를 이야기하면서 고기 잡는 법을 권하고, 학생은 시간이 걸리는 원리와 체계 이해보다 당장 문제를 풀 수 있는 고기를 원하기 때문이 아닐까? 시험장에서는 물에 있는 고기를 잡는 기술이 요구되지 잡힌 고기를 요리하라고 하는 곳이 아니다. 또한 기본적인 원리 이해가 없으면 '모 아니면 도'가 되어 잡힌 고기도 놓칠 수 있다. 성패는 난이도 높은 응용문제에서 갈리게 되고, 고기를 잡는 기술이 성패를 가른다.

결국 시험을 치른다는 것은 순발력, 이해력, 암기를 통한 필사 능력이 종합적으로 필요하다. 이러한 훈련을 기초로 창조적 법 해석의 가능성은 열릴 수 있다. 시험 대비를 위해 생각나는 부분을 두서없이 적어 보겠다.

2. 일반적인 공부 방법

- 인간의 기억은 역순으로 저장되므로 취침 전까지 공부하는 버릇을 가지는 것이 좋다. 뇌는 자는 동안에도 활동하므로 취침 중 신기한 기억의 화학반응을 스스로 수행한다. 이러한 습관을 꾸준히 지속하다 보면 전날 이해되지 않거나 풀리지 않던 문제가 아침에 활동을 시작하면서 스스로 풀리는 경험을 할 수 있다.

- 사람의 뇌는 같은 영역을 시간을 두고 학습할 때 점점 많은 세포에 불이 켜지는 구조이다. 개인 시간이 확보된다면 1시간 민법, 1시간 형법, 1시간 헌법을 공부하는 것보다. 3시간 민법, 다음 날 3시간 형법을 공부하는 방식이 효율적이다.

- 공부나 일을 잘하는 사람은 자신과 대상을 일체화시킨다. 어릴 때 놀이나 만들기에 정신이 팔려 날이 어두워진 줄도 몰랐던 경

험이 있을 것이다. 바로 누구든지 경험하는 플로(flow) 상태다. 플로 상태에서 공부하면 그렇지 않은 때보다 10배의 효과를 경험할 수 있다.

- 마지막으로 몸 상태가 좋지 않거나 집중이 안 되면, 과감하게 책을 덮고 몸을 움직일 수 있는 운동이나 취미 활동을 하자. 단, 운동이나 취미 활동이 생활의 주인공이 되어서는 안 된다는 전제하에…

3. 시험공부 방법

- 현재 추세에 따르면 극히 일부의 선택형과 사례형의 경우 학설은 점수화되어 있다. 특히 학설이 전제가 되는 부분, 예컨대 범죄체계론, 공범의 종속성 등등에서 사례 해결을 위한 기본적인 학설 이해가 선행되는 부분이 있으므로 이에 유의해야 한다. 개별적인 학설이 생각나지 않으면 판례와 다른 결론을 독자적으로 구상해 보는 것도 방법이다. 실력이 쌓인다면 충분히 가능하다.

- 다른 법 영역과 마찬가지로 기본 개념에 대한 정확한 이해와 숙지 그리고 그에 따른 판례의 입장과 상호 연결의 중요성은 당연하다.

- 스스로 공부할 수 있도록 도와주는 역할을 하므로 초학자에게는 원론적인 이해를 위한 개념 설명이 유용할 때도 있다. 그러나 기초적인 이해를 전제로 한다면 사례 해결에 직접 관련성이 없는 원칙론이나 배경에 관한 설명에 집착하지 않는 것이 시험 대비에는 바람직하다.

- 실력은 먼지처럼 쌓인다는 말처럼 법학은 반복 학습이므로 기본 개념에 대한 이해를 기본으로 리딩케이스를 연결시켜 어떻게 사례를 해결하는지 판례와 학설의 입장을 정리하여 숙지한다.

- 리걸마인드는 같은 사안을 설득력 있는 논증을 통해 다르게 해석하는 과정을 통해 길러진다. 다만 사례형의 경우 판례의 입장을 숙지하고 다수설을 참고하는 것이 논증 부담을 덜고 안전하다.

- 기본적인 이해가 뒷받침된다면 가능한 한 많은 문제를 다루어 보며 문제 적응도를 높인다. 학교에서 진행하는 특강이나 실력고사를 활용하되 모범 답안을 다시 작성해보는 등 반드시 사후 점검을 통해 자기 것으로 만든다.

- 위의 사후 점검을 하지 않으면 비슷한 유형의 문제나 논점이

출제되어도 그냥 떠내려 보내게 되어 이전의 노력이 물거품이 된다.

- **예습 → 강의 → 복습 → 연습 → 점검 → 자기 것으로 픽스**

- 실제로 구체적 사례만 다를 뿐 동일 논점의 문제를 연속해서 출제해도 여전히 좋지 않은 결과가 나오는 예를 많이 겪었다. 본인이 모범 답안을 작성할 능력이 부족하면, 문제를 다시 보며 다른 모범 답안을 필사해보는 방법도 있다.

- 선택형 대비의 경우 논란의 여지를 줄이기 위해 판례 의존도가 매우 높다. 또한 말이나 결론을 슬쩍 바꿔 출제하거나 정답을 발견하기 어렵게 또는 일정 시간을 소요하도록 지문 배열을 하므로 반드시 문제집을 풀어보며 문제 해결 스킬을 익혀야 한다.

- 기본 개념에 대한 정확한 이해와 숙지가 전제된다면 선택형 대비 문제집을 통한 대비는 생각보다 많은 시간을 요하지 않는다.

4. 사례 해결의 일반적인 방법

- 주어진 사실관계의 형법적 판단에 필요한 법 규정을 찾고 사실

을 그 법 조항에 포섭시키는 것이 가능한가를 규명하는 데 사례 문제 해결의 핵심이 있다.

가. 사실관계의 분석

- 문제에 포함된 쟁점이 빠지지 않도록 사실관계를 주의 깊게 읽는다.
- 설문에서 요구되고 있는 것에 유의해야 한다. 무엇을 물어보고 있는지.
- 주어진 사실관계를 임의로 변경하거나 상상해서는 안 된다 (절대 주의) - 갑, 을, 병의 인물 혼동

나. 문제의 제기(문제점, 논점)

점수화되거나 되지 않거나(최근 경향), 경우에 따라 다르지만(최소 점수화) 어차피 초안은 작성해야 하므로 간단히 정리한다. 다만, 사례를 다시 장황하게 언급하며 논하는 것은 시간만 허비할 뿐이다.

누구의 어떤 범죄의 성부가 문제되는가, 또 그 범죄의 성부를 좌우하는 쟁점이 무엇인가(총칙, 각칙, 구체적인 쟁점)를 되도록 간단하게 정리한다.

다. 문제의 해결

- 기본 자질을 의심케 하는 경우 - 가족이 나오면 모두 '존속' 평가하는 경우: 피해자 아닌 제3자의 살인교사를 '촉탁살인죄'로 평가하는 경우, 술만 먹으면 원자행을 논하는 경우 등.
- 키워드를 중심으로 사례에서 요구하는 답안 작성 요망. 예컨대 뇌물죄의 경우(신분-공무의 염결성(불가매수성) - 직무관련성(공무원이 담당하는 일체의 집무(예, 공갈죄와의 경계)) - 대가관계 - 부정처사 여부)
- 용어와 법조문 혼동례 - 사전수뢰죄(제129조 제2항) - 취직 전 수뢰 행위 처벌
  - 공문서와 사문서의 구분 혼동

(1) 사실관계를 단독범의 경우와 공범이 있는 경우로 나누어 각 부분의 구성 내지 체계를 결정한다.

① 단독범의 경우

사건 발생의 시간적 순서에 따라 쟁점을 검토

② 공범이 있는 경우

– 행위자를 기준으로 분류 · 문제점을 검토(정범우선의 원칙: 정범부터 논의가 원칙이지만 시간 순, 사건 순으로 정리해도 대체로 감점은 하지 않음)

(2) 쟁점을 해설하는 데 있어서는 형법 각칙의 어떤 구성요건에 해당하는가에 중점을 두고 필요한 (관련)판례 및 학

설을 검토, 타당한 견해를 제시한 후 결론을 내려야 한다. 즉 문제 해결은 각칙에서 시작하고 각칙과 총칙이 충돌할 경우 각칙 우선한다. 그 후 총칙의 문제점을 검토한다.

(3) 학설 대립을 설명할 때는 반드시 어떤 견해가 타당하며, 그 근거가 무엇인가를 밝혀야 한다. 최근 판례의 경향에 유의하며 시간이 충분치 않은 경우가 많으므로 판례와 통설의 태도를 숙지한다.

(4) 어떤 학설에 의하더라도 같은 결론에 도달하는 경우에는 학설 대립을 상세히 언급하거나(예컨대 동일한 결론에 이르는 견해는 묶어서 간단하게 언급) 쟁점과 직접 관련 없는 일반론(예컨대, 공범종속성설, 공범독립성설)을 장황하게 설명하는 것은 큰 의미가 없다.

(5) 정확한 결론도 중요하지만 그 결론을 이끌어 내는 과정과 이유, 근거가 중요하다. 판례의 입장에 따르더라도 결론만 한 줄로 쓰는 태도는 지양해야 한다(예컨대, 무슨 이유로 어떻게 해결한다는 구조). 필요한 쟁점을 빠짐없이 논리적으로 전개해야 한다. - 현실적으로는 논거가 맞지 않거나 모순이거나 없는 경우가 상당수.

(6) 문제점(쟁점)을 정리하는 데 있어서 쟁점의 비중을 고려, 필수 불가결한 핵심 쟁점을 위주로 언급하고 부수적이거나 불필요한 문제는 간단히 언급한다.

(7) 구체적인 착안점

- 범죄 성립 요건인 구성요건 해당성, 위법성, 책임을 차례대로 검토하고 그 다음 단계에서 가벌성의 요건이 문제되지 않는가를 차례대로 검토한다. 쟁점 없는 성립 요건에 대한 일반론은 의미가 없다.
- 미수범의 경우에는 실행의 착수 여부와 주관적 구성요건의 존부를 확인하고 결과를 제외한 객관적 구성요건 표지들의 충족 여부를 검토한다.
- 수인이 범행에 관여했다면 정범부터 논의하고 정범이 수인인 경우에는 공통된 부분을 먼저 평가한 다음 개별적인 부분을 평가한다. 그러나 범죄 진행 순서에 따르거나 죄책이 무거운 자부터 설명할 수도 있다.
  - 정범우선의 원칙에 따라 '기능적 행위지배'(필수 불가결한 역할, 사건 장악 여부) 여부 판단 – 주관적(공모), 객관적(실행행위 분담) 요소 검토, 그다음 공모공동정범, 간접정범 검토 순서이다. 서술은 위의 순서대로 해야 하지만 너무 확연한 경우는 곧바로 논점을 서술한다.
  - 합동범은 법조문에 '합동하여'라는 표현이 있는 경우에만 평

가(예 – 제331조 특수절도, 제334조 특수강도)

– 그다음에 협의의 공범을 평가한다.

- 고의범이 성립하지 않은 경우에는 과실범이, 작위범이 성립하지 않는 경우에는 각각 문제될 수 있음을 항상 유의한다. 주의 – 개괄적 고의 사례를 장황하게 서술하고 결론은 상해치사로 맺는 것은 모순이다.
- 형법각칙의 개별 구성요건을 확정한 경우에는 가중, 감경 구성요건에 해당되는지를 검토하고 폭처법, 특가법, 교특법 등 특별법에 해당되는지를 검토한다.
- 수 개의 범죄가 성립할 때는 죄수론에 대한 검토가 뒤따라야 한다(그러나 현실적으로 수험생은 대부분 정확히 파악하지 못하는 경우가 대부분이므로 이 논점에 자신이 없으면 너무 시간을 허비하지 않도록 한다).

라. 결론

점수화되거나 되지 않거나 경우에 따라 다르지만 서론(문제 제기)에서 제기하고 본론에서 상술한 내용을 요약한다. 쟁점들이 무엇이고 그에 대한 판단의 결과가 사안에서 어떻게 반영되는가를 간단히 정리하면 족하다.

※ 주의사항

- 사례를 다시 장황하게 언급하며 논하는 것은 시간만 허비할 뿐이다.

사례의 내용은 이미 출제자 및 채점자도 알고 있다(예컨대, 갑의 OO행위, 갑과 을의 관계 등 간단히 언급).

- 검사와 변호사의 입장이나 주장을 논하라는 문제에서는 그러한 주장이 피고인에게 유리한가 아니면 불리한가를 판단한다(의외로 역 논리를 언급하지 않도록 유의).
- 시간이 없으면 결론만이라도 간단히 쓰면 일정 점수를 받는다.

제9절

형법 공부 방법 II

김태명

전북대학교 법학전문대학원 교수, 법학박사, 형법전공

1. 공부 목표

로스쿨은 3년이라는 비교적 짧은 시간에 기본적인 법률 지식을 습득하고 실무 능력을 갖추어 곧바로 변호사로서 활동할 수 있도록 하는 것을 목표로 설계된 법 교육 시스템이다. 이전에 4년간 기본적인 법 이론 교육을 받은 후 다시 대개 만 30세에 이르기까지 시험 준비 기간을 거친 후 주로 이론을 중심으로 하는 사법시험을 통과한 후 다시 사법연수원에서 판사 · 검사 · 변호사 등의 법률 전문가에 의한 실무 교육을 받은 다음에야 비로소 변호사로서 활동하는 기존의 법 교육 시스템과 비교해 볼 때, 로스쿨에서의 법 교육은 말 그대로 획기적인 변화라고 하지 않을 수 없다. 변호사가 되기 위한 관문인 변호사 시험도 그 내용이나 형식면에서 기존의 사법시험과 상당히 다르다. 우선 기존의 사법시험에서는 없었던 기록형 문제가 출제되고 사례형 문제 또한 기존의 사법시험과는 비교가 되지 않을 정도로 그 내용이나 형식이 달라졌다.

로스쿨을 졸업하기도 전에 변호사 시험을 치러야 하는 학생의 입장에서는 재학 중에 마땅히 변호사 시험을 염두에 두고 공부하여야 하고, 나아가 자신이 공부한 내용이 변호사로서 활동하는 데 도움이 되도록 하지 않으면 안 된다.

다른 과목도 마찬가지지만 기존의 교과서 그리고 교과서의 내용을 수험생이 공부하기 쉽도록 편집한 수험서는 변호사의 자질을 함양하는데 적합하지 않을 뿐만 아니라 로스쿨생들이 목전目前에 둔 변호사 시험의 준비에도 적합하지 않다. 로스쿨생들은 어떤 형태로든 법조문과 판례를 중심으로 서술된 교재 중에서 자신에게 적합한 것을 선택하여 거기에 나와 있는 내용을 반복해서 습득하지 않으면 변호사 시험 합격은 요원遙遠한 희망에 그칠 뿐일 것이다.

2. 공부 대상

로스쿨에서의 공부의 대상은 교과서에 서술된 추상적인 이론이 아니다. 우리나라의 모든 법 분야 사정이 다 마찬가지지만 특히 형법 교과서는 독일과 일본에서 수입된 이론으로 도배塗褙되어 있어, 교과서는 물론 교과서의 내용을 요약·정리하고 군데군데 서너 줄의 판결 요지를 나열하고 있는 수험서로 공부해서는 갈수록 합격률이 낮아져가는 변호사 시험의 관문을 통과할 것을 기대하는 것은 어불성설語不成說이다. 그 이유는 간단하다.

변호사 시험의 형사법 문제는 각각 100점, 200점, 100점 합계 400점의 단답형, 사례형 그리고 기록형 문제로 구성되는데 기본적으로 요약된 사례 또는 기록을 기초로 출제자가 요구하는 대로 답안지에 서술해야 하는 사례형과 기록형 문제가 전체의 3/4을 차지한다. 그리고 단답형 문제조차도 간단한 사례를 전제로 그와 관련된 설명 중 옳은 것 또는 옳지 않은 것을 선택하는 준사례형 문제가 전체의 절반을 차지한다. 따라서 사례형 문제 또는 사실상 사례형과 동일한 문제가 전체

400점 중 350점을 차지한다.

사례 문제는 이론을 바탕으로 하는 것이 아니라 사실관계를 기초로 그와 관련된 법조문 그리고 판례의 입장을 기초로 하여 풀어야 한다. 단답형 문제는 "다툼이 있는 경우 판례에 의함"이라는 단서를 붙여서 출제되며, 사례형과 기록형 문제 또한 법조문과 판례의 법리로 서술해야 한다. 이론을 기초로 출제되는 문제는 단답형의 한두 문제 또는 두세 문제에 불과하다.

따라서 로스쿨생들이 공부해야 할 대상은 법조문과 판례의 법리이다. 그리고 여기서 판례의 법리는 수험서에 정리된 몇 줄의 추상적인 문장이 아니라 반드시 법조문과 사실관계에 기초한 것이어야 한다. 평소 법조문과 사실관계에 기초하여 판례의 법리를 익히지 않으면 시험장에서 자신 있게 사례형과 기록형 문제 또는 사례에 기초한 단답형 문제를 풀 수 있게 되기를 기대하지 않는 것이 좋다.

3. 공부 방법

로스쿨생들은 흔히들 공부를 하려고 하는데 교재가 없다거나 처음 법학을 공부하기 때문에 방법을 잘 모르겠다고 말한다.

우선, "교재가 없다"는 말은 "자신의 구미에 맞는 교재가 없다"는 것 이상의 의미를 갖지 않는다. 여기저기에 널려 있는 것이 교재이고 어떤 측면에서는 교재가 너무 많아서 탈이라는 말이 나올 지경이다. 가장 대표적인 교재가 법전法典이다. 법전에는 로스쿨 재학 기간 내내 그리고 심지어는 변호사가 되어서도 몸에 지니고 다녀야 할 가장 기본적인 법률 지식이 들어 있다. 그리고 아무리 좋은 교재라도 절대 시험장에서 볼 수 없지만 법전은 당당히 펼쳐 놓고 볼 수 있다. 그런데도 법전을 활용하지 않거나 심지어는 조문을 찾아 읽을 수 없어 활용을 못 하는 사람이 적지 않다. 사실관계가 주어지지만 관련되는 법조문을 찾아서 읽고 활용할 수 없다면 변호사 시험 합격을 기대하기 힘들 것이다.

다음으로, 교재를 '공부하는 자료'라는 말로 이해한다면, 교재는 스스로 만들어야 한다. 어차피 자신의 구미에 맞는 교재가 없다면 수업 시간을 통해서나 스스로 공부하면서 알게 된 법조문, 판례 법리, 사실 관계의 핵심적 내용을 요약 · 정리하여 자신의 교재를 만들어 나아가 한다. 자신이 만드는 교재는 남에게 보여 줄 것이 아니므로 굳이 완성된 문장 형식을 갖추어야 할 필요도 없고 자신만이 알아볼 수 있으면 족하다. 변호사 시험에서 좋은 성적을 거둔 학생들이 대부분 자신만의 정리 자료를 만들면서 공부하였는데 그 과정을 통해 법률 지식을 쌓아 가고 나아가서 변호사 시험을 대비하는 능력을 키웠다고 말한다.

성공적으로 로스쿨 생활을 마무리한 학생들이 대개 하는 말 중 하나가 바로 변호사 시험 기출문제나 법전원협의회 모의고사 문제를 많이 풀어보고 답안지를 작성했다는 것이다. 기출문제나 모의고사 문제는 정말로 훌륭한 교재이다. 얼마 지나지 않아 변호사 시험을 치러야 할 사람들에게 기출문제나 모의고사 문제만큼 훌륭한 선생이 어디에 있겠는가? 그럼에도 많은 학생들이 3학년에 가서 또는 변호사 시험에 임박하여 풀어보면 된다는 등의 이유를 대며 기출문제나 모의고사 문제 풀어보기를 꺼린다. 어떤 내용의 문제가 나오는지 그리고 어떤 형식으로 나오는지도 모르면서 공부한다는 것은 목적지 없이 무작정 바다에 배를 띄우는 것과 무엇이 다르겠는가?

공부하는 과정에 있기 때문에 또는 아직 잘 모르기 때문에 기출문제를 풀 수 없거나 버거운 기출문제를 푸는 것은 효과적인 공부 방법이 아니라는 말은 하지 않는 것이 좋다. 잘하는 단계에 이르러서 문제를 푸는 것이 아니라 잘하는 단계에 이르기 위해서 문제를 푸는 것이다. 능력을 키워서 문제를 푸는 것이 아니라 능력을 키우기 위해 문제를 푸는 것이다. 그리고 어떤 내용의 문제들이 어떤 방식으로 출제되어 있는가를 확인하면서 공부하는 것만큼 효과적인 것이 없다. 이러한 공부 방법은 당연히 어렵고 힘든 과정이 아닐 수 없다. 그러나 힘든 과정을 거치지 않으면 학생들이 기대하는 '잘하는 단계'나 '변호사 시험을 통과할 수 있는 능력이 갖춰진 단계'는 이르지 못한다. 그런 단계에 이르더라도 졸업 후 몇 년 동안 시행착오를 반복해야 한다.

4. 나가면서

많은 학생들로부터 교수마다 말하는 공부 방법 또는 답안 작성 방법이 다르다는 말을 듣는다. 그러나 교수들이 한목소리로 같은 방법을 알려 줄 것이라는 기대는 애당초 않는 것이 좋다. 교수마다 나름대로 옳다고 생각하는 바가 다르니 학생들을 지도할 때 하는 말이 각자 다를 수밖에 없다. 그리고 학생들은 스스로 문제를 풀어보고 답안지를 작성해 보지 않고 방법만을 설명하는 교수들에게는 별로 기대할 것이 없다는 사실을 이미 잘 알고 있지 않는가?

그리고 교수들이 각자 다른 설명을 하면 그중에서 자신에게 알맞다고 생각되는 방법을 골라서 실천해 보면 된다. 사실 어느 교수의 말이 맞는가는 위에서 설명한 방법대로 해 보면 된다. 법조문과 판례 법리를 기초로 공부하는 것이 좋은지 아니면 교과서나 수험서로 공부하는 것이 좋은지, 답안지를 문제의 제기, 학설 · 판례 · 검토, 결론의 순서대로 써야 좋은지 아니면 법조문과 판례의 법리 그리고 사실관계에 기초하여 답안 내용을 몇 개의 문단으로 구분한 다음 각 문단마다 서론, 본론, 결론의 논리적 순서대로 신속하고 간략하게 써야 좋은지는 법전을 옆에 두고 답안지에 기출문제나 모의고사 문제에 대한 답을 써보면 금방 알 수 있다. "연습이 실력을 만든다."는 말이 괜히 생겼겠는가? 스스로 법적 문제점과 그에 대한 해법을 찾아내는 능력이 변호사가 갖추어야 할 중요한 자질이라면, 변호사 시험을 대비한 효과적인 공부 방법이나 변호사 시험에서 고득점을 얻을 수 있는 답안 작성 방법은 학생 스스로가 공부하는 과정에서 터득해야 할 기본적 자질 중의 하나일 것이다.

제10절

형사소송법 공부 방법

조기영

전북대학교 법학전문대학원 교수, 법학박사, 형법 전공

1. 흥미와 기본 관점

민법, 상법은 재미있는데 형소법을 포함한 형법이나 헌법, 행정법에는 유난히 흥미를 못 느끼는 학생들이 있다. 국가권력에 의한 개인의 부당한 기본권 침해를 어떻게 방지하고 구제할 수 있을까? 이러한 기본적 관점이 결여되어 있는 것이 한 원인일 수 있다. 형소법에 흥미를 느낄 수 있다면 그것보다 빠르고 확실하게 자신의 공부 방법을 확립하는 방법은 없을 것이다. 경찰, 검찰, 법원 등 국가권력에 의하여 무고한 피의자 또는 피고인이 고초를 당할 수 있으며, 자신은 이러한 무고한 피의자 또는 피고인을 형사 절차에서 보호하는 변호인이라는 관점을 가지고 공부한다면 형소법에 흥미를 가질 수 있을 것이다. 이러한 관점은 또한 형소법을 공부하며 무엇이 중요한 쟁점인지를 분별할 수 있는 분별력을 길러준다.

결국 중요한 쟁점이 시험에 출제되게 되는데 무고한 피의자 또는 피고인을 보호하거나 국가권력의 행사를 제한하는 것이 형소법의 중요 쟁점인 것이다. 변호사 시험 준비를 위해서라도 흥미와 기본 관점은 필요하다. 이러한 이야기는 진부한 것으로 들릴 수도 있겠지만, 여러 해 동안 학생들에게 형사소송법 강의를 해오면서 느껴온 중요한 부분이다. 노력은 많이 하지만 흥미나 관점 없이 의무감만으로 하기에 공부가 팍팍하고 성과를 내지 못하는 경우가 의외로 적지 않다. 반면, 흥미나 관점이 있기에 재미있게 공부하고 무엇이 중요한지 감을 잡아가며 강약을 두고 공부하기에 성과를 거두는 학생들이 있다.

2. 형사소송법 선택형

변호사 시험의 경쟁이 심화된 상황에서 선택형의 비중과 중요성은 더욱 커지고 있다. 그러나 선택형 문제에 너무 부담을 가질 필요는 없다. 지금까지의 출제 경향에 비추어 보면 선택형으로 출제되는 범위는 사실상 거의 정해져 있다고 해도 과언이 아니다. 자신이 가지고 있는 교과서나 자료를 여러 차례 읽는 방식은 선택형 준비 방법으로는 부적절하다. 선택형 준비는 변호사 시험과 변호사 모의시험에 출제된 기출문제들을 '철저하게' 공부하는 방법이 효과적이고 또 이것만으로도 충분하다. 막연히 불안해하며 형소법의 전 범위를 동일한 강도로 공부해야 한다는 생각을 버려야 한다. 만일 자신의 성격이 이러한 유형이라면 그러한 성격을 고쳐야 할 것이다.

'철저하게' 공부한다는 것은 선택형에 제시된 지문들에 나타난 법률, 판례 및 논리들을 한 점 의혹이 없을 때까지 이해하는 것을 말한다. 이해가 되지 않는 부분이 있으면 반드시 판례, 교과서 등을 찾아보고, 동료들과 논의해보며 필요하다면 담당 교수에게 질문하여서라도 100% 이해해야 한다. 이해되지 않는 부분을 남겨둔 채 하루 계획량을 공부하는 것보다, 이해되지 않는 부분을 파고들어 한두 문제만을 공부하는 것이 더 효과적이기도 하다. 이해하지 않고 넘어간 부분에서 또 틀리게 될 것이며, 이미 알고 있는 것들을 다시 한 번 정리한 부분은 원래 맞힐 수 있는 지문들이었기 때문이다. 철저하게 이해하는 방식으로 선택형 기출문제들을 정리해가는 작업은 사실은 사례형 공부도 병행하고 있는 것이다.

3. 형사소송법 사례형

사례형의 공부 범위는 선택형의 범위보다 줄어들게 되고, 논리적 흐름을 염두에 두며 공부를 하게 되어 선택형보다 상대적으로 재미를 느끼며 준비를 할 수 있을 것으로 생각한다. 당연한 이야기이지만 기본적인 법률 조항을 숙지해 가며 '주요 쟁점' 위주로 해당 쟁점이 형사 절차의 어느 국면에서 어떤 형태로 전개되는 것인지 염두에 두며 공부해야 한다. 문제는 3학년 입장에서 '주요 쟁점'을 어떻게 파악할 것인가이다. 가능한 모든 쟁점을 강약 없이 망라적으로 정리해 놓은 교재나 자료들을 가지고 사례형을 준비하는 것은 실패 쪽으로 가깝게 가는 길이다. 이러한 사례들을 많이 보아 왔다. 특히 1, 2학년 때 형소법 공부가 부족했다고 느끼는 학생들이 이를 만회라도 하려는 듯이 이러한 우를 범하는 경우가 많다. 만일, 상황이 그러하다면, 오히려 주요 쟁점 위주로 공부하는 것이 부족한 부분을 만회하는 방법이라는 것임을 강조하고 싶다.

수사 절차, 공소제기 절차, 증거법을 포함한 공판 절차, 상소 절차 등에서 Leading Case로 다루어지는 판례들을 그 사실관계를 포함하여 숙지하는 것이 필요하다. 형사 절차의 거의 모든 국면에 걸쳐 Leading Case라고 볼 수 있는 대법원 판례들이 있지만, 따지고 보면 이러한 판례들의 양이 그렇게 많은 것은 아니다(해당 Leading Case들은 2학기 종합연습 과정에서 제시되는 것으로 알고 있다). 이러한 Leading Case들에서 무엇이 쟁점이 되었고, 그 쟁점은 어떻게 해결되었는지를 공부하는 것이 필요하다. Leading Case들을 체계적으로 이해할 수 있으면 형사소송법 전반을 이해하고 있다고 볼 수 있다. 전체적이고 체계적인 이해는 사례형 문제 해결의 필수적인 전제이다. 또한 이러한 판례들이 사례형 출제의 모티브가 되기도 한다.

마지막으로, 서술형 서술 방법을 이야기해 볼 필요가 있을 것 같다. 공부를 많이 한 경우에도 답안 서술이 어렵다고 이야기하는 학생들을 많이 보아 왔다. 먼저, 제대로 공부를 안 했기 때문에 필요한 서술이 안 되는 것은 아닌지 곰곰이 생각해 보아야 한다. 자기는 정말 공부를 열심히 하지만 답안 서술 방법이 익숙지 않을 뿐이라고 믿는 것은 위험하다. 내 교수 경험으로는 그런 경우는 거의 없다. 아는 만큼 쓴다. 물론, 답안을 쓰는 요령도 필요하지만 그것은 몇 번 연습해 보면 해결되는 문제에 불과하다. 머릿속에 질서 없이 여기저기 흩어져 있을 뿐 조리 있게 표현될 수 없는 앎은 지식이 아닐 것이다. 또한 자기가 스스로 주관적으로 설정한 기준, 즉 '어느 정도(범위와 깊이)까지 알면 된다.'라는 기준이 평균보다도 낮은 것은 아닌지 점검해 볼 필요가 있다.

사례형에서 서술해야 하는 범위는 숨겨진 또는 제시된 쟁점을 확인하여 논리적 과정을 거쳐 구체적 답을 제시하는 것이다. 형사소송법에서는 주로 위법하다/적법하다, 증거능력이 있다/없다, 허용된다/되지 않는다 등의 구체적이고 최종적인 결론이 나와야 한다. 이 부분이 빠져 있으면 안 된다. 그리고 이러한 사례에 대한 결론이 도출되는 과정이 논리적이고 충실해야 한다. 기계적으로 적용해도 좋은 방법으로 3단계 서술 방법'을 제안해 보고자 한다. (1) 쟁점 → (2) 사안의 검토 → (3) 사안의 해결이라는 순서를 정해 놓고 이 순서대로 서술하는 것이다. 목차의 제목은 중요하지 않으며 시간이 부족할 경우 목차가 없어도 무방하다. (1) 쟁점 부분은 한두 줄을 넘어서는 안 된다. 사안을 검토할 때 쟁점은 당연히 전제되어 있기 때문에 쟁점 부분을 독립적으로 서술하지 않아도 무방하다. 그러나 서술형에 어려움을 느끼는 학생이라면 중간에 다른 길로 들어가지 않기 위해서 간략하게 쟁점을 확인하고 갈 것을 권한다.

중요한 부분은 사안을 검토하는 부분이다. 학생들의 답안지를 보면 이 부분을 서술하는 방법도 가지각색으로 다양하다. 조리 있는 방법은 법률 → 판례(필요한 경우 학설) 순으로 서술하는 것이다. 사안의 해결과 관련 없는 내용은 서술해서는 안 되며, 관련 있는 내용만을 충실하게 서술해야 한다. 서술 내용이 충실한지 여부는 앞으로 남은 기간 여러분이 얼마나 공부하고 연습하였는지가 결정할 것이다. 그리고 사례형인만큼 반드시 최종 결론에 해당하는 (3) 사안의 해결을 간략하게 제시해 주어야 한다. 이러한 답안 서술 방법을 염두에 두며 형사소송법 지식들을 정리해 간다면 공부하였으나 답안을 잘못 쓰는 그런 일은 없을 것으로 생각한다.

마지막으로, 학생들의 건승을 기원한다.

제11절

형사 기록형 공부 방법

이흔재

전북대학교 법학전문대학원 교수, 변호사, 형법 전공

1. 머리말

형사 기록형 변호사 시험은 과거 사법시험 체제에서의 사법연수원 중간시험 이를 형법, 형사소송법의 법리 및 판례를 응용 · 적용하여 변론요지서, 검토 및 졸업시험에 해당하는 시험으로, 실제 기록에 나타난 사실관계를 이해하고 보고서 또는 보석허가청구서[1] 등의 서면 형식으로 작성하는 종합적 · 실무적 시험 형식이다.

따라서, 형사 기록형 시험을 준비하기 위해서는 형법, 형사소송법, 특별형법에 대한 공부가 선행되어야 하고, 법학전문대학 과목 중 형사변호사실무, 검찰실무, 형사실무 과목 등에서 어느 정도 실력을 키워 놓는 것이 유익하다. 그러나 이 글의 목적은 그야말로 변호사 시험에서 형사 기록형 문제를 효율적이고 쉽게 해결하는 것에 있으므로 이하에서는 그동안 시행된 제1회부터 제5회까지의 기록형 문제를 분석하여 기록형 문제에 접근하여 풀이하는 비법(Skill)을 서술하고자 한다.

2. 형사 기록형 문제의 체계와 풀이 방법

가. 배점에 신경을 써야 한다.

형사 기록형 문제의 배점을 미리 알아두는 것이 필요하다. 형사

1 다만, 보석허가청구서는 현재까지 변호사 시험에서 출제된 적이 없다. 이는 증거법의 이해도를 묻지 못하는 이유인 것으로 보인다.

기록형 문제는 ① 법리 또는 판례를 묻는 문제가 50점, ② 사실관계에 증거법을 적용하여 증거능력 없는 증거를 골라낸 후 나머지 증거능력 있는 증거에 대한 탄핵을 통하여 무죄 주장을 하는 문제가 50점으로 주로 제출되고 있다.

따라서, 형사 기록형 문제에서 우선적으로 살펴봐야 할 것은 검사가 기소한 공소사실 중에서 ②에 해당하는 공소사실을 가려낸 다음 증거법을 적용하여 해결할 문제 유형과 ①에 해당하는 공소사실을 구별하는 것인데, ②의 경우는 주로 피고인이 범행을 부인하고 있고, 공범인 공동 피고인이나, 참고인(증인)의 진술에 대하여 탄핵을 필요로 하는 증거법의 적용과 사실인정에 대한 증명력의 탄핵이 필요한 경우이고, 이는 대략 1~2개의 공소사실에 국한되고 있다. 형사 기록형 문제에서 ②번과 같은 유형은 반드시 출제되고 그 배점 또한 높으므로 이런 유형의 문제는 꼭 해결할 수 있어야 한다.

나. 사실인정의 문제에 대한 해결 방법(②번 유형)

(1) 증거목록을 보고 이해할 수 있어야 한다.

통상 형사소송법은 전문법칙의 편에서 전문법칙의 예외로 법관면전조서, 검사 작성의 피의자 신문조서, 사경 작성의 피의자 신문조서, 검사(사경) 작성의 참고인 진술조서, 진술서 등의 순서로 증거능력이 인정되는 경우를 기술하고 있다. 그러나 실제 재판에서는 이와 순서가 다름을 유의해야 한다. 즉, 재판장은 먼저, 검사가 신청한 증거에 대하여 피고인에게 동의할 것인지, 부동의할 것인지를 선택하게 한 다음, 동의한 증거는 증거능력을 인정하고[2], 부동의한 증거에 대하여만 형사소송법 제312조 내지 316조의 규정을 충족하는가에 대하여 증거조사를 하기 때문이다.

그리고 이런 내용이 표시된 것이 증거목록이다. 증거목록을 보면 통상 피고인 2명이 출현하는데[3], ① 김갑동, ② 이을남이 순번에 따라 검사가 신청한 증거에 대하여 증거의견란에서 "① ×", "② ○", 등의 형식으로 기재가 되어 있다. ×는 ① 피고인 김갑동이 증거로 사용하는 것에 부동의한다는 것이고, ○는 ② 피고인 이을남이 증거 사용에 동의한다는 것이다. 이러한 경우 증거동의 한 증거는 위법수집증거가 아닌 한 바로 증거능력이 인정되고, 부동의한 증거는 예를 들어, 참고인 진술조서나 진술서에 부동의한 때에는 그 참고인이 법정에 출석하여 선서한 후 증인으로서 진술을 하면[4] 제312조 내지 313조의 요건을 충족하므

---

2 형소법 제318조 제1항에 해당한다. "검사와 피고인이 증거로 할 수 있음을 동의한 서류 또는 물건은 진정한 것으로 인정한 때에는 증거로 할 수 있다" 는 규정으로, 서면에 증거능력을 부여하는 우리 형사재판에서는 증거능력 인정의 제1관문이라고 할 수 있다.

3 이때, 공동피고인이 주로 공범 관계인 경우가 많지만, 공범 관계가 아닌 경우도 유의하여야 한다.

4 증거목록 바로 뒤에 "증거목록(증인 등)"이라는 제목과 함께 아래에 증인의 이름이 있고, 증거조사기일란을 보면 증언을 하였는지 여부가 기재되어 있으니 이를 참고하면 된다.

로 그 조서나 서면은 증거능력이 인정되는 것이고, 증인의 증언도 증거능력이 인정되므로 2개의 증거능력이 있는 증거가 발생하는 것이다. 그리고 만약 그 증인이 증인으로 출석하지 않으면 제314조에 따라 진술불능의 상태에 있는지를 검토하여야 하고, 이에 해당하면 검사가 신청한 조서 등에 대하여 증거능력이 인정되고, 해당하지 않으면 증거능력이 없는 증거가 된다.

(2) 증거능력 없는 증거를 먼저 찾아내야 한다.

예를 들어, 피고인 ① 김갑동이 특정경제범죄가중처벌 등에 관한 법률(횡령)죄에 대하여 다투고 있다고 가정해보자. 이를 입증할 증거들이 증거목록(증거서류 등)에 있을 것이다. 그중 피고인 ①이 증거의견란에서 부동의한 증거, 즉 "×"표시가 되어 있는 증거들을 모두 골라낸다.

1) 참고인의 진술조서나 진술서인 경우

"×" 표시가 되어 있는 증거 중 그 참고인이 증인으로 출석하여 증언한 경우에는 증거능력이 있고, 증언하지 않은 경우에는 위에서 설명한 것과 같이 진술불능 상태에 있지 않으면 증거능력이 없다. 이런 증거들을 먼저 찾아낸다.

다음은 거의 100% 출제된다고 보는데, 참고인의 진술 중에서 형소법 제316조 제1항, 제2항의 전문진술, 즉 본인이 경험한 것이 아니고 다른 참고인으로부터 전해 들었거나, 피고인으로부터 전해들은 부분을 분리하여 그 요건을 갖추었는지를 반드시 찾아서 그 부분에 대한 증거능력 유무를 검토해야 한다(※). 이 부분은[5] 참고인이 증인으로 출석하여 증언을 하였더라도 증거능력이 없으므로 유념해야 한다. 현재까지는 증거능력의 요건을 갖추지 못한 것으로 거의 출제되었고 배점도 높다. 이때, 가능하면 재전문에 해당하는지도 확인하고, 이에 해당하면 증거능력이 없다.

2) 피고인 또는 공범 또는 공범 아닌 사람에 대한 피의자 신문조서인 경우

사법경찰관 작성의 피고인 또는 피고인과 공범인 자에 대한 피의자 신문조서는 피고인이 내용을 부인하면 무조건 증거능력이 없다(거의 100% 출제된다고 보면 된다).

검사 작성의 피의자 신문조서는 피고인에 대한 것은 제312조 제2항의 요건을 충족하는지, 공범에 대한 것은 다수설에 따라 제312조 제4항의 요건을 충족하는지 검토하여야 한다. 즉, 공범인 경우에는 공범이 상피고인의 지위가 아닌 증인으로서 선서를 하고 증언을 해야만 공범에 대한 검사 작성의 피의자 신문에 증거능력이 있고, 그렇지 않으면 증거능력이 없다.

공범이 아닌 공동 피고인은 참고인과 마찬가지이므로 제312조 제4항의 요건을 충족해야 한다.

5 참고인 진술조서나 증언의 전체가 아니라 전문진술에 해당하는 부분만 특정해서 증거능력유무를 논해주어야 한다

※ 이와 같이 증거능력 없는 증거를 짧고 효과적으로 기재하는 방법은 기출문제의 답안지에서 이른바, '기재례'를 찾아 만들어 외우는 것이 좋다.

이와 같이 검토를 하면, 거의 100% 찾아낼 수 있고, 이에 따라 별도로 "증거능력이 없는 증거"를 그 이유와 함께 답안지에 기재하여야 한다. 이때 유의할 것은, 증거능력이 인정되는 증거를 기재하는 것은 배점이 없으므로 기재할 필요가 없다.

(3) 증명력을 반드시 탄핵해야 한다.

위와 같이 증거능력 없는 증거를 제외하면, 공소사실을 입증할 수 있는 증거능력이 있는 증거는 사실 몇 개 없다. 이때 이 증거를 기재해주고 이에 대하여 집중적으로 논리 및 경험에 비추어 탄핵을 해야 한다. 대략, 4~5개 정도면 족하다. 이 증명력 탄핵에 대한 배점이 증거능력이 없는 증거를 설시하는 것과 거의 동일하므로 절대 이를 소홀히 해서는 안 된다. 왜냐하면, 실무에서는 증거에 대한 탄핵을 잘하는 변호사가 유능한 변호사이기 때문이며, 증인에 대한 신빙성을 강하게 공략하여 무죄판결을 받는 경우가 대부분이다. 대략, 증인의 진술 번복이나 과거 진술과의 불일치 등이고, 다툴 경우에는 구체적 적시 없이 바로 "진술의 일관성이 없고"라고 하면 안 되고, 구체적으로 "00에서는 이렇게 진술하였는데, 00에서는 이렇게 진술하는 등 진술의 일관성이 없고"라며 내용을 써 주어야 한다.

(4) 무죄 주장을 반드시 해야 한다.

위와 같이 증명력을 탄핵한 다음에는 "00만으로는 공소사실을 인정하기에 부족하고 달리 이를 인정할 증거가 없습니다. 따라서 이 사건 공소사실은 합리적인 의심 없는 정도의 증명이 없으므로 형소법 제325조 후단에 의하여 무죄판결이 선고되어야 합니다."라고 기재하여야 한다. 왜냐하면 여기에도 배점이 있기 때문이다. 외워서 쓰는 것이 좋다.

※ 이렇게 하면, 대략 50점이 나온다. 물론 완벽하게 할 수는 없으나 여기에서 최소한 35점 이상은 득점을 해 주어야 고득점을 할 수 있고, 여러 번 기출문제로 이 부분만 연습하면 바로 익힐 수 있으므로 30분 안에 쓰도록 하자. 이런 유형의 문제는 연습량에 따라 "기재례"를 만들어 거의 기계적으로 쓸 수 있다.

다. 법리 또는 판례를 묻는 문제에 대한 해결 방법(①번 유형)

(1) 도입부

이런 유형 부분은 왕도가 없다. 그저 최신 판례를 많이 알고 법리를 열심히 익히는 방법이 최고이며, 사례형 문제와 거의 유사하다. 다만, 기록형 문제의 특이점이 있으니 그 점에 대하여 약술한다.

(2) 공소기각판결과 면소판결을 선고해야 할 공소사실을 찾아라.

여기에는, 주로 공소시효 문제나 확정판결이 있을 때 기판력 문제, 친족상도례, 친고죄나 반의사불벌죄, 함정수사 등에 관한 문제이다. 반드시 출제된다. 주의할 것은, 결론에서 공소기각판결의 경우 "형소법 제327조 몇 호인지?", 면소판결의 경우 "제326조 몇 호에 해당하는지?"를 정확하게 기재하여야 한다. 물론, 본문을 잘 쓰고도 결론에서 공소기각을 주장하여야 하는데 면소판결을 주장하면 안 된다.

(3) 피고인이 자백하거나 다투더라도 법리상 무죄인 사건을 찾아내라.

항상 출제되는 것은 아니지만, 판례에서 법리상 무죄인 예를 많이 찾아보아야 한다. 이때에는 결론에서 "형소법 제325조 전단에 해당"한다는 것을 정확하게 기재하여야 한다.

(4) 정상변론의 문제

가끔, 유죄가 인정되는 사건이 있다. 이것을 구분하는 방법은 기록 처음의 [변론요지서 양식]을 보면, 각 피고인에 대한 배점과 변론하여야 할 죄명[6] 밑에 '※ 평가유의사항'을 읽어보면 "유죄가 인정되는 공소사실에 대하여는 간략하게 정상변론을 할 것"[7]이라고 기재되어 있다.

이 문구가 있으면, 유죄로 인정되는 공소사실이 있다는 감이 잡히므로 정상변론을 해야 한다. 채점을 하다 보면, "000한 죄는 유죄로 인정됨"과 같이 정상변론이 아니라 판결문 문구가 보이는데 이러면 점수를 얻지 못한다. 정상관계는 형법 제51조(양형의 조건)[8]을 보면서 간단히 기재하면 된다.

주로, 피해자와 합의하였거나, 범행 후 잘못을 뉘우치고 깊이 반성하는 경우, 동종 전과가 없고 초범인 경우, 범행의 동기 등에 참작할 점이 있는 경우 등을 기재하면 된다.

※ 주의사항: 답안을 채점하다 보면 범행 당시 술에 만취하였다는 이유로 심신미약을 주장하거나 심신상실까지 언급하는 것을 보게 되는데, 변호사 시험에서는 적절하지 않다고 보이니 이런 주장은 삼가는 것이 좋겠음.

---

6 가끔씩 공소사실에 기재되어 있는데, 변론요지서에서 생략되어 기재하지 않아야 할 사건이 있으니 반드시 살펴보아야 한다.

7 정상변론을 하지 말라는 경우도 있다.

8 제51조(양형의 조건) 형을 정함에 있어서는 다음 사항을 참작하여야 한다.
1. 범인의 연령, 성행, 지능과 환경
2. 피해자에 대한 관계
3. 범행의 동기, 수단과 결과
4. 범행 후의 정황

▶ 최근 출제 경향을 보면, 변론요지서와 함께 '검토의견서' 또는 '검토보고서'라고 하여 법무법인 대표 변호사에게 신참 변호사가 내부적으로 보고하는 형식의 문제가 출제되고 있다. 이것도 변론요지서와 다른 것이 없으나, 다만 ① 좀 더 객관적으로 기재하여야 하고, ② 향후 변론 방향에 따라 검사나 법원에서 어떻게 판단할 것 같다는 등의 시각이 제시되어야 할 것으로 보임.

제12절

노동법 공부 방법

김영문

전북대학교 법학전문대학원 교수, 법학박사, 노동법 전공

1. 선택과목으로서 노동법의 공부 대상

○ 노동법의 구조와 대강의 원칙들은 보통 첫 시간에 강의함. 첫 시간은 절대 놓치지 않는다.

○ 노동법의 핵심은 노동법 총론, 개별적 근로관계법, 집단적 노사관계법의 3개 분야. 이 중 변시에서 중점적으로 알아야 할 것.

- 헌법 제32조, 제33조, 근로기준법의 법률 규정, 노동조합 및 노동관계조정법
- 80여 개의 리딩 케이스
- 노동기본권
- 노동법의 법원론: 재판규범의 존재 형식으로 이해. 재판을 할 때 재판부가 의거해야 하는 것

○ 변시 사례형으로 치러지는 선택과목으로서 노동법은 고득점 전략보다는 면 과락의 전략이 중요. 따라서 담당 교수의 강의 시간에 중요 판례를 집중적으로 정리한다.

- 수업 전에 수업 시간에 진행할 판례를 일독한다.
- 수업 후 판례를 정리한다.
- 교과서에 소개된 판례에 중요도를 표시한다(담당 교수의 지적에 따라서 중요도, 난이도 등에 따라서 등급을 매긴다).
- 교과서를 첫 페이지부터 읽어나갈 생각을 하지 말고, 판례를

읽고 정리하며 문제된 내용들을 그때그때 교과서를 들여다 보고 이해하다 보면 언젠가 노동법에 대한 전체적인 형상이 그려지고, 그때 가서 의문이 드는 문제들을 교과서를 찾아보며 공부하는 것임. 무엇보다 노동법을 공부하는 것이 아니라, 변시 수험용 노동법을 해야 한다는 것을 명심할 것. 따라서 교과서에 소개된 학설, 소수설, 전원합의체 판결에서 반대의견, 교과서 저자의 입장, 원심 판결 등은 일단 배제한다(후일 실무에서 공부해도 됨).

- 지나치게 지엽적이고 상세한 것들은 배제한다. 특히 소송절차에서 문제가 되는 논점들은 배제한다(예: 직장 내 복무질서 위반행위 시와 징계처분 시의 징계(규정)가 다른 경우; 부당노동행위 구제신청 중 해고무효확인의 소에서 청구기각 판결이 선고되어 확정된 경우 노동위원회에서의 구제이익의 존부 등)
- 타 분야 법률적용 사건은 일단 배제: 부당해고와 위자료, 부당노동행위와 불법행위책임, 쟁의행위와 업무방해죄, 영업비밀유지의무 등 노동사건에서 민법과 형법 내지 상법의 적용을 묻는 사례는 해당 분야의 법률 규정의 적용 문제이기 때문에 시험 중요도에서 배제함.
- 교과서에서 너무 상세한 문제는 일단 넘어가자. 무엇이 중요한 것인지는 담당 교수의 강의로부터 배우자.
- 전원합의체 판결은 반드시 기억해 두자.

2. 노동법의 공부 방법

가. 노동법 사례 문제의 답안 구성과 채점 기준

○ 노동법 출제와 채점의 경험상 다음과 같은 기준으로 답안지가 작성되어야 함.

– 답안 작성의 범례

따라서 이 틀에 맞춘 공부가 필요함.

나. 개념, 입법 취지, 법률 또는 판례의 요건을 읽혀야 사례 문제에 대해 쓸 내용이 생김.

I. 쟁점(또는 문제의 소재)
II. 적용 법규와 판례 법리
  1. 적용 법규(또는 관련 법규)
  2. 판례 법리(판례 요건)
III. 사안에 적용(또는 포섭)
IV. 결론
(이상과 같은 틀에 점수를 배분하여 채점을 함)

이 중 가장 중요한 것은 판례 요건임. 한마디로 말하면 판례가 많고, 법률 규정이 추상화된 노동법에서 판례 요건을 알지 못하면 사례에 제시된 요건 사실에 판단 기준이 되는 판례 요건을 적용할 수 없게 됨. 특정의 사건에 대해 판례 요건을 아는 것으로 충분함. 사례 문제의 지문에는 판례 요건을 적용하여야 할 사실관계가 제시되는 것이기 때문에 판례 요건은 노동법 공부의 핵심.

○ 판례 정리의 방법: 교과서의 기본 법리에 잘 정리되어 있음. 따라서 암기하고 기억해야 할 것은 기본 법리임.

> 중화실업사건 – 배치전환의 정당성
>
> o 쟁점
>   - 배치전환의 정당성
>   - 사전협의 절차 불이행이 인사권남용에 해당되어 무효가 되는지
>
> o 기본법리
>   - 배치전환의 개념과 사용자의 재량권
>   - 판례 요건: 배체전환의 정당성 판단 기준: 업무상 필요성과 생활상 불이익의 비교 형량, 생활상 불이익의 정도(통상 감수해야 할 정도를 현저히 벗어났는가의 여부), 협의 절차 이행 여부는 요건이 아닌 요소, 불이행이 권리남용이 되어 당연 무효되는 것은 아님.

범례:

※ 판례가 종합판단설을 택하는 경우: 암기할 것이 없고, 일반 상식으로 추론함.

– 종합판단설은 대개 ~~ 등을 종합하여 판단한다고 되어 있음.

대우캐리어사건 – 전적의 유효성 문제

o 쟁점
  - 근로자의 동의 없이 이루어진 전적명령의 유효성
  - 전적명령의 거부 및 이를 이유로 한 징계위원회의 소집에 항의하는 유인물의 무단 배포를 징계 사유로 삼은 해고의 정당성
o 개념: 고용된 기업으로부터 다른 기업으로 적을 옮겨 그 다른 업무에 종사하게 하는 것
o 적용 법규: 근로기준법 제23조 ☜ (이 규정이 이 사건에 적용되어야 하는 이유 적시)
o 판례 요건:
  - 근로관계를 합의해지하고 새로운 근로계약을 체결하는 것이므로 근로자의 동의가 필요함.
  - 동의 없이 이전이 가능한 경우는 전적관행 또는 사전 포괄동의가 있어야 함.
  - 계열사 간 전적이 관행적으로 이루어지는 전적관행(경영관행)이 있다고 하기 위해서는 규범적 사실로서 명확히 승인 또는 사실상의 제도로서 확립되어야 함.
  - 사전에 전적명령에 따르겠다는 포괄적 동의가 있었다고 하기 위해서는 전적 기업을 특정하고 기본적 근로 조건을 명시하여야 함

(예시)

1) 근로자인지의 여부는 임금을 목적으로 종속적인 관계에서 근로를 제공하였는지, 즉 사용종속관계가 있었는가에 따라 판단하고, 사용종속관계

에 있었는지의 여부는 업무 내용을 사용자가 정하고, 업무수행과정에서 구체적, 개별적으로 지휘·감독을 받고 있는지, 근무 시간과 근무 장소에 대한 구속 여부, 근로자 스스로 제3자를 고용할 수 있는지 등의 업무의 대체성 여부, 작업 도구 등의 소유 여부 등을 종합적으로 고려하여 판단한다(골프장 캐디 사건).

2) 단체협약에 해고합의조항이 있는 경우 노동조합이 해고에 대한 동의권을 남용하였는지는 해고 사유에 해당함에도 불구하고 노동조합이 해고에 반대한 사실에만 주목하여 노동조합의 동의권 남용을 쉽게 인정해서는 안 되고, 제반 사정을 종합적으로 고려하여 판단한다(데이콤 사건).

- 종합하여 판단한다는 것은 제반 사정을 저울에 놓고 달아서 판단한다는 것, 말하자면 비교형량 한다는 것,
- 비교형량 해야 할 요건사실들은 대개 지문에 제시되는데, 제시되는 지문들을 잘 살펴보면 종합적으로 고려되어야 할 요건들을 암시하고 있다는 것, 그러므로 종합 판단하여야 할 요소들은 구태여 암기할 필요가 없음.
- 지문에서 추출할 때 대개 고려되는 것으로는 법률행위인 경우는 동기, 목적, 근로자가 입게 되는 피해의 정도, 노동조합의 태도, 행위의 정도, 행위 후의 사용자의 태도 등과 당시의 사업장의 사정 등 암기하지 않아도 상식적으로 알 수 있는 것, 그리고 지문으로부터 추론할 수 있는 것이어서 암기하지 말고, 'x사건의 판례요건은 종합판단'이라고 기억하면 됨. 종합판단은 법원이 할 것이고 처음부터 정해진 것이 아니기 때문에 가변적이어서 노동법상 중요한 문제임에도 시험에 좋은 문

제는 아님.

※ 심화학습에는 관련 문제들이 부가적으로 언급되어 있음. 이 중에는 중요한 내용들이 있는 경우가 있음.

예) – 대기발령과 당연퇴직이 결합되어 있는 경우의 판례 요건
– 징계 사유와 시말서 제출명령 불이행이 결합되어 있는 경우의 판례 요건

이 판례들은 담당 교수로부터 중요도의 설명을 듣고 판례 정리를 하도록 함.

다. 수험을 향한 공부

○ 짧은 시간 동안 많은 것을 효과적으로 공부하여야 하고, 특히 변시를 향한 공부이어야 한다. 따라서 불필요한 내용들은 일단 넘어가도록 한다.
○ 리딩 케이스에서는 판례 요건 정리와 함께 키워드도 함께 정리하여 기억을 돕도록 한다.
○ 판례 사안의 개요를 읽고 스스로 답을 내보고 그다음 교재를 보는 습관을 기른다. 시험은 결국 암기와 기억된 내용을 적은 것인데, 스스로 생각해 본 문제는 오래 기억이 된다. 독일 법과대학 1학년들은 의사표시와 대리를 공부하면서 교과서 반입을 금

지당한 채 법전만 참조하면서 케이스를 던져주고 생각하면서 사례 푸는 방법을 공부한다. 4년 뒤에는 생활 사안에 대해 직접 답을 내는 달인이 된다.

○ 법 적용은 수학처럼 공식을 만들어 엄정한 답을 내는 것이 아니라, 사회윤리 도덕의 최소한을 찾아가는 것이 중요. 말하자면 갈등하는 당사자 사이에 해결책을 내놓은 것인데, 상호 모순되는 경우도 있고, 어느 판례에서는 이렇게 판단하고 다른 판례에서는 달리 판단하는 경우도 있음. 이런 경우는 법률이 이런 것이구나 하고 넘어가자. 법은 정의의 이념을 찾는 것이 아니라 생활에서 벌어진 문제에 대해 해결책을 찾아가는 것이라는 것을 기억하자.

제13절

경제법 공부 방법

박수영

전북대학교 법학전문대학원 교수, 법학박사, 상법 전공

Ⅰ. 변호사 시험에서의 선택과목으로서 경제법의 범위

- 경제법의 출제 범위는,
「독점규제 및 공정거래에 관한 법률(공정거래법)」
「소비자기본법」
「약관의 규제에 관한 법률(약관법)」
「방문판매 등에 관한 법률(방판법)」
「할부거래에 관한 법률」
「전자상거래 등에서의 소비자 보호에 관한 법률(전자소보법)」
총 6개 법률.

Ⅱ. 경제법의 출제 방식

- 사례형으로 2문제가 출제됨.
- 각 80점으로 160점 만점이며, 과락 기준은 64점임.(단, 원점수와 조정점수 중 어느 하나가 40% 이상이면 과락)
- 1문은「독점규제 및 공정거래에 관한 법률」에서 출제
- 2문은「소비자기본법」,「약관의 규제에 관한 법률」,「방문판매 등에 관한 법률」,「할부거래에 관한 법률」,「전자상거래 등에서의 소비자 보호에 관한 법률」에서 출제

Ⅲ. 경제법 응시자와 합격률

■ 제1~5회 변호사 시험 선택과목별 합격률

구분		전체	**경 제**	국제거래	국 제	노 동	조 세	지적재산권	환 경
1회	응시자 (비 율)	1,665 (100)	288 (13.69)	413 (24.80)	94 (5.65)	516 (30.99)	59 (3.54)	82 (4.92)	273 (16.40)
	합격자 (합격률)	1,451 (87.15)	210 (92.11)	346 (83.78)	71 (75.53)	453 (87.79)	54 (91.53)	77 (93.90)	240 (87.91)
2회	응시자 (비 율)	2,046 (100)	285 (13.93)	805 (39.35)	59 (2.88)	405 (19.79)	45 (2.20)	88 (4.30)	359 (17.55)
	합격자 (합격률)	1,538 (75.17)	222 (77.89)	584 (72.55)	38 (64.41)	296 (73.09)	36 (80.00)	76 (86.36)	286 (79.67)
3회	응시자 (비 율)	2,292 (100)	225 (9.82)	1,032 (45.03)	63 (2.75)	359 (15.66)	33 (1.44)	61 (2.66)	519 (22.64)
	합격자 (합격률)	1,550 (67.63)	163 (72.44)	669 (64.83)	37 (58.73)	240 (66.85)	25 (75.76)	41 (67.21)	375 (72.25)
4회	응시자 (비 율)	2,561 (100)	192 (7.50)	1,116 (43.58)	64 (2.50)	319 (12.45)	49 (1.91)	52 (2.03)	769 (30.03)
	합격자 (합격률)	1,565 (61.10)	131 (68.22)	631 (56.54)	35 (54.68)	197 (61.75)	32 (65.30)	32 (61.53)	507 (65.92)
5회	응시자 (비 율)	2,864 (100)	199 (6.95)	1240 (43.30)	95 (3.32)	405 (14.14)	57 (1.99)	73 (2.55)	795 (27.76)
	합격자 (합격률)	1,581 (55.20)	111 (55.78)	625 (50.40)	46 (48.42)	248 (61.23)	38 (66.67)	44 (60.27)	469 (58.99)

- 1회부터 5회까지의 응시자는 감소하는 추세지만, 합격률은 평균보다는 항상 우위에 있음.

- 일반적으로 출제 및 채점 위원들은 법전원에서 수강을 하였으면 작성할 수 있는 수준의 답안에 대하여 합격할 수 있도록 하고 있음.

Ⅳ. 시험 범위 중 주요 부분

1. 공정거래법

(1) 사업자

- 시장획정, 시장점유율(시지인지 아닌지)
- 외국사업자: 역외 적용
- 사업자단체:

(2) 시장지배적 사업자 ★★

- 시지추정요건: 시장점유율, 진입장벽, 경쟁사업자의 상대적 규모 등
- 금지행위: 특히 사업활동방해(시행령상의 거래거절, 불이익강제), 경쟁사업자배제를 위한 부당거래 유의

(3) 기업 결합

- 일정한 거래 분야
- 경쟁제한성, 경쟁제한성 추정요건, 효율성항변 · 도산기업항변(7조)

(4) 지주회사 · 기업집단

(5) 부당한 공동행위 ★★

- 성립요건: 2 이상의 사업자, 합의, 합의추정(19조 5항), 인식있는 병행행위, 경쟁제한성
- 시기와 종기
- 금지유형: 경성 · 연성 공동행위
- 행정지도

(6) 불공정거래행위 ★

- 공정거래저해성
- 금지유형: 당연위법, 조리위법: 유형구분 명확히

(7) 사업자단체 ★

- 성립요건
- 사업자단체가 사업자에게 부당한 공동행위를 하게 하면 부당한 공동행위 교사범(26조 1항 1호)
- 금지유형: 부당한 공동행위가 대부분

  사업자 수의 제한행위(신규진입의 제한)(26조 1항 2호)

  구성사업자 사업활동의 부당한 제한행위(26조 1항 3호)

  불공정거래행위 · 재판매가격유지행위의 사주 · 방조행위(26조 1항 4호)

(8) 재판매가격유지행위

- 성립요건
- 재판매가격유지행위는 위법(29조 1항).
- 정당한 이유 있는 최고가격유지행위 허용(29조 1항 단서)
- 판례는 정당한 이유 있는 최저재판매가격유지행위 허용(대법원 2011. 3. 10. 선고 2010두9976 판결; 대법원 2010. 12. 23. 선고 2008두22815 판결; 대법원 2010. 11. 25. 선고 2009두9543 판결.)

(9) 기타

- 공정거래조정원: 업무 범위
- 시효: ① 공정거래위원회가 공정거래법 위반행위에 대하여 조사를 개시한 경우 조사 개시일부터 5년, ② 공정거래위원회가 법 위반행위에 대하여 조사를 개시하지 아니한 경우 해당 위반행위의 종료일부터 7년 등의 기간이 경과한 경우 시정 조치를 명하지 아니하거나 과징금을 부과하지 아니한다.(49조 4항)

2. 소비자기본법

- 소비자 개념
- 분쟁조정, 단체소송 절차

3. 약관규제법

- 약관 해당 여부 판단: 약관 요건

  ※ 리니지사건(대법원 2010. 10. 28. 선고 2010다9153 판결)
- 약관의 편입여부
- 명시 · 교부 · 설명 의무(3조 2항 · 3항): 설명 의무의 대상인 중요한 내용 ★★
- 개별약정우선(4조)
- 약관해석원칙
- 불공정약관조항 유형(6조, 7-14조) ★★

  (할부법 · 방판법 · 전자소보법상의 약관 내용과 연계 가능성 높음)

4. 할부거래법

- 할부거래 · 선불식할부거래 개념
- 정보제공의무 · 계약서발급의무(5조, 6조, 23조)
- 청약철회권(8-10조, 24조) ★★
- 할부거래업자의 계약해제권(11조), 손해배상제한(12조)
- 소비자항변권(16조)
- 선불식 할부거래업자의 금지행위(34조)

5. 방문판매법

- 방문판매, 다단계판매, 후원방문판매, 계속거래 개념
- 사안의 거래가 어느 유형인지?

- 정보제공의무 · 계약서발급의무(7조, 16조, 29조, 30조)
- 청약철회권(8-9조, 17-18조, 29조) ★★
- 후원수당
- 다단계판매, 후원방문판매의 사행적 판매원 확장행위 등의 금지(24조, 29조)
- 업자의 금지행위(11조 1항, 23조, 29조, 34조)

6. 전자소보법

- 전자상거래, 통신판매 개념 ★★
- 사업자의무(5조, 6조, 7조, 8조)
- 배송사업자 협력의무(9조)
- 사이버몰 운영자의 표시의무 · 협력의무(10조)
- 통신판매업자의 신고의무(12조), 신원 · 거래조건에 대한 정보제공 · 계약서교부의무(13조), 청약확인의무(14조), 공급의무(15조)
- 통신판매 청약철회권(17-18조) ★★
- 통신판매중개자(20조), 통신판매중개의뢰자(20조의2)
- 전자상거래사업자 · 통신판매업자의 금지행위(21조)

V. 변시 대비 방법

- 경제법 과목을 수강하면서 주요 심결례와 판례의 태도를 파악한 뒤, 경제법 연습이나 문제 풀이를 통하여 사례형을 대비하면 충분히 합격할 수 있음.
- 기출문제와 모의고사 풀이를 통해서 충분한 대비가 가능함

제14절

국제법 공부 방법

배정생

전북대학교 법학전문대학원 교수, 법학박사, 국제법 전공

I. 들어가며

○ 제II장에서는 우선 변호사 시험 선택과목으로서 국제법의 장점과 단점을 졸업생의 의견을 기초로 수험생의 입장에서 소개하고자 함.

○ 제III장에서는 필자가 지금까지의 강의, 두 차례의 변호사 시험 출제와 채점에 참여한 경험에 기초하여 변호사 시험의 국제법 공부 방법 및 대비 요령에 대하여 소개하고자 함.

○ 또한 필자는 본고의 정리에 앞서 우선 국제법을 선택하여 변호사 시험을 치른 5기 졸업생의 의견을 참조하여 본 내용을 정리한 바를 밝히며, 흔쾌히 수험생으로서 본인의 경험을 정리해 준 졸업생에게 감사를 전함.

II. 변호사 시험 선택과목으로서 국제법

1. 장점

○ 무엇보다 시험 범위가 적음. 원래 국제법의 전체 내용은 방대하지만 변호사 시험의 출제 범위는 아래와 같이 세 개의 단원에 불과함. 제1회 변호사 시험에서는 국가면제와 국제사법재판소(ICJ)의 관할권에 대한 질문이 출제되었으나 이후 시험 범위가 대폭 축소되어 제2회부터 제5회까지는 아래의 가이드라인 범

위에서 출제되고 있는 추세임.

“대한국제법학회 변호사 시험 국제법 시험 범위 가이드라인”(2012) – 2001년 ILC 국가책임 초안 – 조약법에 관한 비엔나협약 (제1조~제53조) – GATT 주요조항 (제1조, 제2조, 제3조, 제11조, 제20조)

○ 게다가, 좁은 시험 범위 내에서도 전형적으로 출제되는 주제에서 반복 출제되고 있고, 최신 판례를 업데이트해야 할 부담이 없음(고전적인 판례 20~25개 정도만 숙지하면 시험 보는 데 지장이 없음).

○ 국제법 선택자의 합격률이 낮다는 통계자료가 있으나, 해당 자료는 단지 변시 합격률만 비교했을 뿐이어서 국제법 선택자의 낮은 합격률이 국제법 때문인지는 단정할 수 없음.

2. 단점

○ 국제법 응시자 수가 다른 과목보다 적다 보니 변호사 시험 대비에 최적화 된 교재나 단권화된 교재를 찾아보기가 힘듦.

○ 국제법의 시험 범위가 좁다 보니, 반복 출제를 피하기 위하여 때로는 예상하지 못한 쟁점이 출제되는 경우도 있음. 예를 들어, 2015년 졸업시험에서는 ‘조약에 서명만 하거나 서명조차 하지 않은 국가의 유보거절의 법적효과’(2차 모의시험), ‘제한적 해

석 · 진화적 해석 · 통합적 해석'(3차 모의시험) 등 기존에 출제된 바 없고, 조문으로도 해결할 수 없는 쟁점이 출제된 바 있음. 그러나 실제 변시에서는 거의 전형적인 문제들이 출제되었고, 다만 국제경제법의 경우 시험 범위 가이드라인에서 벗어나는 문제(제3회에서 GATT 제24조와 관련된 문제, 제5회에서 GATT 제16조와 관련된 문제)가 출제되었으나 각각 8점, 5점짜리 문제였음.

III. 변호사 시험 국제법 공부 방법론

1. 변호사 시험 및 법전원협의회 모의시험 출제 경향

○ 변호사 시험에서 국제법의 경우 출제 위원은 법전원 교수 2명과 실무 변호사 1명으로 구성이 되어 출제되고, 배점은 대부분 제1문에서 80점(국가책임법 또는/그리고 조약법에서 출제), 제2문의 1에서 40점(국가책임법 또는/그리고 조약법에서 출제), 제2문의 2에서 40점(국제경제법에서 출제)으로 나뉨. 출제 교수나 실무 변호사에 따라 문제 유형이나 난이도가 달라질 수 있으나 최근에는 '대한국제법학회 가이드라인'의 범위에서 출제되고 있음.

○ 법전원협의회 모의시험의 경우 법전원 교수 3명으로 구성되어 출제되고, 위에서 설명한 변호사 시험의 배점과 유사함.

2. 변호사 시험에 출제되었던 주요 쟁점

○ 그동안 변호사 시험에 출제된 주요 쟁점은 아래와 같음.

	조약법	국가책임	국제경제법	기타
5회	조약의 유보 조약의 준수의무	국가책임의 성립요건 위법성조각사유 – 대응조치	최혜국대우원칙 내국민대우원칙 일반적 예외 GATT 제16조	
4회	조약의 무효 조약의 해석 조약의 불이행 과 국내법	국가책임의 성립요건 타국 위법행위 원조	최혜국대우원칙 내국민대우원칙 일반적 예외	
3회	조약의 유보	국가책임 성립요건 위법성조각사유 – 대응조치 긴급피난 국가책임의 해제	최혜국대우원칙 내국민대우원칙 일반적 예외 GATT 제24조	
2회	조약의 의의	국가책임 성립요건 위법성조각사유 – 대응조치	최혜국대우원칙 내국민대우원칙 수량제한금지원칙 일반적 예외	
1회	조약의 무효	국가책임의 성립요건	내국민대우원칙 수량제한금지원칙 일반적 예외	ICJ 관할권 소송참가 국가면제 강제집행권면제

○ 위에서 보는 바와 같이 조약법에서는 ① 조약의 무효와 ② 조약의 유보(특히 유보 · 유보거절의 법적효과)가, 국가책임에서는 ③ 국가책임의 성립요건(특히 행위의 국가귀속성 인정 여부)과 ④ 위

법성조각사유 중 대응조치가 변호사 시험에서 자주 출제되는 쟁점임.

○ 그러나 모의고사에서는 그 밖의 쟁점들도 대부분 출제되어 왔기 때문에 변호사 시험에서도 대비를 할 필요가 있음. 조약법과 국가책임 파트는 주요 쟁점 외에도 거의 모든 쟁점에 관하여 모의고사 또는 변호사 시험에서 한 번 이상씩 출제가 되었음(*모의고사 또는 변호사 시험에 한 번도 출제되지 않은 부분은 '조약의 종료' 부분이 거의 유일함). 따라서 기출문제만 쟁점별로 잘 정리해도 변호사 시험 대비는 충분할 것으로 판단됨.

○ 국제경제법에서는 매번(최혜국대우 원칙 위반 여부→내국민대우 원칙 위반 여부→수량제한금지 원칙 위반 여부→일반적 예외 해당 여부) 순으로 검토하는 문제가 출제되고 있음. 내국민대우원칙 위반 여부를 검토할 때 GATT 제3조 2항 1문 또는 제3조 2항 2문과 관련된 쟁점인지 아니면 제3조 4항과 관련된 쟁점인지만 구분하면 되고, 나머지 부분은 어떤 문제가 나오더라도 거의 기계적으로 답안을 작성하면 됨. '대한국제법학회의 출제 가이드라인'에서 벗어나는 문제도 가끔 출제되나 비중이 매우 적으니 너무 걱정하지 않아도 되고 국가책임법, 조약법 및 국제경제법(GATT 제1조, 제2조, 제3조, 제11조, 제20조)의 주요 쟁점만을 정리하면 충분함.

○ 모의고사 또는 변호사 시험에 출제되었던 쟁점은 아래와 같음.

〈조약법〉

- 조약체결권자(제6조~제8조)
- 조약의 등록
- 조약의 발효, 잠정적 적용, 조약발효 전 조약의 대상과 목적을 저해하지 않을 의무(제24조, 제25조, 제18조)
- 유보의 정의와 기능(제2조(d))
- 유보와 해석선언의 구분(제2조(d))
- 유보의 허용 여부(제19조)
- 허용 불가능한 유보의 문제(*유보의 허용 여부와는 다른 쟁점임)
- 유보 · 유보거절의 법적효과(제20조~제21조)
- 서명 · 비준하지 않은 국가의 유보거절
- 동일한 주제에 관한 계승적 조약 적용(제30조, 제59조)
- 조약해석의 일반원칙(제31조~제32조)
- 제한적 해석, 진화적 해석, 통합적 해석
- 조약의 제3자에 대한 효력(제34조~제37조)
- 조약의 개정(제39조~41조)
- 조약의 무효(국가에 대한 강박, 착오, 사후 승인에 의한 하자 치유)(제46조~제53조)
- 조약 적용 배제 사유로 국내법 원용 가부(제27조, 제46조)

〈국가책임〉

- 행위의 국가귀속성
  · 국가기관의 행위(제4조)

· 국가에 의하여 지휘 또는 통제된 행위(제8조)

· 국가기관 부재 또는 흠결 시 수행된 행위(제9조)

· 반란단체의 행위(제10조)

· 국가에 의하여 승인 · 채택된 행위(제11조)

– 지원 · 방조한 국가의 책임(제16조)

– 지시 · 통제한 국가, 강제한 국가의 책임(제17조~제18조)

– 위법성 조각사유

· 대응조치(제22조, 제49조~제53조)

· 불가항력(제23조)

· 동의(제20조)

– 국가책임의 해제(손해배상)(제34조~제39조)

– 간접손해(외교적 보호)(제44조, 외교보호초안 제10조, 제15조)

– 피해국 이외의 국가에 의한 책임추궁(제48조)

〈GATT 주요 원칙과 예외〉

– 최혜국대우원칙(제1조)

– 내국민대우원칙(제3조)

– 수량제한금지원칙(제11조)

– 일반적 예외(제20조)

– GATT 제24조

– 관세양허의무(제2조)

– GATT 제6조

3. 공부 방법론

1) 공부 방법 일반

○ 국제법을 시험 과목으로 선택하는 경우 2학년 중에 1~2과목 관련 과목을 수강하고 3학년에 1과목 정도 관련 과목의 수강을 통해 수업 중에 시험 대비를 하는 것이 필요함.

○ 먼저 기출문제들을 통해 사례에 대한 감을 익히고 난 후, 기본 교재에서 해당 부분에 대한 ① 통독 → ② 이해를 통한 정독(관련 조문, 이론, 사례) → ③ 사례 풀이 → ④ 서브노트 정리 및 암기식으로 공부함.

○ 국제법은 관련 사례가 많지 않고 기존 국제 사례의 일부 변형을 통해 변시 문제가 출제되고 있어 관련 사례에 대한 이해와 정리가 필요함.

2) 교재 선택 및 학교 수업

○ 국가책임, 조약법 부분의 경우 교재: 가장 최근에 발행된 김대순의 『국제법론』과 정인섭의 『신국제법강의』가 있으나 두 권 모두 국제법 전반에 걸쳐 기술하여 범위나 내용이 변시를 준비하기에는 방대하다고 할 수 있음. 따라서 기본 교재로서 활용은 하되 국제법 시험 범위인 국가책임과 조약법 부분만 발췌하여 보는 것을 권장하고 나머지 부분은 궁금한 부분에 대해 참고만 하면 될 것임. 두 권 중 김대순 교수님의 『국제법론』(해당 부

분만 발췌하여 보면 충분함)을 기본 교재로 추천함. 정인섭 교수님의 『신국제법강의』도 검토해 볼 수 있지만, 김대순 교수님의 『국제법론』보다 누락된 내용도 많고, 무엇보다 판례 영어 원문을 해석 없이 그대로 실어 놓아 기본 교재로 쓰기에는 수험생으로서는 어려움이 있을 수 있음.

○ 국제경제법 부분의 경우 교재: 김대순의 『국제법론』이나 정인섭의 『신국제법강의』는 국제경제법 부분에 대한 내용이 없거나 누락된 부분이 많아, 국제경제법 부분에 대한 기본 교재는 필자가 수업 중에 배부하는 강의 자료를 기본 자료로 활용할 것을 추천함.

○ 변시 국제법 시험 준비와 직접적인 관련이 있는 수업은 '국제법의 기초', '국제법 일반이론', '조약법의 이해'이고 2, 3학년 학기 중에 수강하면 될 것임. 필자는 국제법의 기초와 국제법의 일반이론을 거의 동일한 내용(변시 시험 범위와 내용 정리: 조약법, 국가책임법, 국제경제법)을 정리하고 모의시험 문제와 변시 문제를 수업 중에 직접 학생들이 풀게 하며 강평과 첨삭 지도를 진행하고 있어 국제법을 시험 과목으로 선택하는 경우 관련 과목의 수강을 권하는 바임.

3) 답안 작성 및 준비

○ 국제법 사례형에서 답안의 작성은 숨겨진 또는 문제에서 제시

된 쟁점을 확인하여 관련 조약 규정 및 국제 판례와 이론을 토대로 논리적 과정을 거쳐 구체적 답을 제시하는 것이 필요함. 변시 국제법 문제가 대부분 국가책임이나 조약법 그리고 국제경제법 부분에서 정형화된 쟁점이 반복되어 출제되고 있는 것이 최근 추세임.

○ 국제법의 경우도 기본 과목과 유사하게 답안 작성 시 3단계 서술 방법'이 필요함. 따라서 (1) 쟁점의 제시 (2) 사안의 검토 (3) 사안의 해결이라는 순서를 정해서 이 순서대로 서술하는 것이 필요함. 국제경제법의 경우는 대부분 문제에서 쟁점이 제시되어 있어 최혜국대우원칙(GATT 제1조), 내국민대우원칙(GATT 제3조), 수량제한금지원칙(GATT 제11조)에 대한 위반인지를 판단하고 일반적 예외(GATT 제20조)에 의해 정당화될 수 있는지를 묻고 있어, 정형화된 답안의 내용을 작성해 보는 연습이 필요함.

○ 보통 조문만으로는 사안의 해결이 안 되기 때문에 조문에 대한 해석으로서 판례가 나오는 것이므로, 다른 과목의 일반적인 사례 풀이 방식은 적용할 조문을 제시하고 해당 조문에서 쟁점이 되는 부분에 관한 판례를 적시한 후(필요한 경우 학설의 대립도 덧붙이고) 사안을 포섭하는 형식이나, 국제법의 경우에는 좀 다름.

○ 국제법 시험을 준비하며 숙지해야 할 판례들(고전 판례들)은 판례가 먼저 형성되고 그것이 '비엔나 조약법협약'이나 'ILC 초안'에 반영된 경우가 대부분이라, 조문만 있어도 답은 나오는 경우

가 대부분임. 그런데 30~40점짜리 사례 문제를 해당 조문만 써서는 좋은 점수를 받을 수 없음.

○ 결국 해당 쟁점에 관해서만 서술해서는 안 되고, 관련된 내용들(일반론)을 가능한 풍부하게 기술해 주는 것이 필요함. 예를 들어 유보·유보거절의 법적 효과에 관한 문제가 나왔더라도 바로 쟁점에 관하여 쓰는 것이 아니라 유보의 의의 및 필요성, 유보의 가능성 등을 먼저 논해 주고 나서 법적 효과에 관하여 서술해야 함. 단 적절한 답안 작성 시 적절한 시간 배분을 하고 시간이 부족한 경우에는 꼭 필요한 해당 쟁점들과 기술해야 할 부분들에 대한 언급을 해야 할 것임.

○ 관련된 내용들을 자세히 쓰다 보면 많은 조문을 나열해야 할 때도 있는데, 이때에는 단순히 조문들을 그대로 기술만 하지 말고 목차 구성을 잘해야 보다 좋은 점수를 받을 수 있음.

○ 주요 쟁점별로 관련 판례들은(많지 않음) 따로 간략하게 정리해서, 시험 전에 숙지하고 가는 것이 좋을 것임. 간접손해에 관한 문제가 나왔을 때는 '외교보호초안'의 조문을 적시하면 가점을 받을 수 있음. 또한 주어진 사안에 대한 관련 국제 판례를 언급하거나 인용하면 가점을 받을 수 있음.

○ 보통 모의고사보다 변호사 시험의 문제 수가 더 많으니, 문항별 시간·답안지 분량 배분에 유의해야 할 것임(시험 시간 120분에 배점 160점이고, 제1문의 경우 80점, 제2문의 1의 경우 40점, 제2문의 2의 경우 40점 배점이 보통이어서 80점 큰 문제는 1시간 내에, 그리고

40점 작은 문제의 경우 30분 내에 서술해야 함).

4) 국제법 시험 채점 기준(법전원협의회 모의시험 채점 기준, 변호사 시험 채점 기준 - 별도 자료 참조)

Ⅳ. 마치며

○ 변호사 시험에서 절대로 떨어질 것 같지 않은 수험생도 선택과목 때문에 고배를 마시는 경우가 종종 있음. 절대로 방심은 금물임. 변시 사례형으로서 국제법은 자신 있는 수험생의 경우 고득점 전략을 가지고 준비할 수 있지만 기본 과목에 대한 절대적 필요 학습량을 고려하면 선택과목 면 과락의 전략도 필요할 것임.

○ 국제법은 조문을 잘 나열하면 해결할 수 있는 문제들이 대부분이므로 평소 조문은 눈에 잘 익혀둘 필요가 있고 조약법에 관한 비엔나협약 1조~53조, ILC 국가책임협약 초안, GATT 제1조, 2조, 3조, 11조, 20조에 대한 정확한 이해와 관련 사례를 숙지할 필요가 있음.

제15절

국제거래법 공부 방법

송양호

전북대학교 법학전문대학원 교수, 법학박사, 상법 전공

1. 선택과목으로서의 국제거래법

변호사 시험에서의 선택과목과 본인이 실무 분야에 진출해서 활동할 전문 분야로서의 선택과목이 일치하면 최고이지만, 대부분의 법전원생은 변호사 시험을 합격하기 위해서 시험 준비에 부담이 적고 다수가 선택하는 과목을 선택과목으로 정하고 있다. 따라서 선택과목의 폐지 문제와 함께 선택과목의 한쪽으로의 쏠림 현상을 시정할 필요가 있다고 문제를 제기하고 있다. 물론 법전원생들은 본인이 가장 흥미가 있는 과목을 또는 전문 분야로 활동하고자 하는 분야를 선택과목으로 택하는 것이 기본적으로 필요할 것이다.

최근 변호사 시험의 선택과목으로 전체 수험생의 45% 정도가 택하는 과목이 국제거래법이다. 선택과목으로서 국제거래법은 두개의 과목으로 구성되어 있는데, 62개 조문으로 구성되어 있는 국제사법과 101개 조문으로 구성되어 있는 국제물품매매계약에 관한 유엔협약(CISG)으로 이루어져 있다. 단순 조문 수만 보면 다른 선택과목에 비하여 양이 적지 않기 때문에 선택지로서 호응을 받기가 쉽지 않을 것 같다. 그러나 국제사법을 제외한 국제거래법은 변호사 시험의 시험 범위를 국제물품매매계약에 관해서는 국내법으로 된 국제물품매매계약에 관한 유엔협약(CISG)으로 한정하였고, 이는 대부분이 계약법과 매매법에 관한 내용이어서 수험생 입장에서 보면 익숙한 분야로 한정된 느낌을 받게 될 것이다. 특히 국제거래법이 다른 선택과목에 비하면 복잡성이 덜하다고 수험생들이 생각할 수 있기 때문에 짧은 시간 내에 수험 준비를 마칠 수 있다는 판단하에 많은 선택을 하는 과목이 된 것 같다.

물론 장래에 국제계약 파트에서 또는 국제중재 파트에서 활동하고 싶은 법조인이라면 당연히 국제사법과 CISG를 법전원에서 배워야 하고 전문 분야로 심화 학습을 하는 것이 절대적으로 필요하다. 변호사 시험에도 합격하고 향후에 본인이 활동할 전문 분야로 국제계약 파트를 선택하는 법전원생이라면 당연히 공부해야 할 분야가 국제거래법 분야이다. 물론 시험 범위는 국제거래법 분야 중에서도 가장 기본적인 부분으로 한정하였고, 국제거래에 필요한 많은 지식 중에서 아주 일부분만을 수업을 통해서 배우고 시험을 치르게 된다.

2. 국제거래법의 공부 방법

사례형으로 시험을 보는 법률 과목의 공부 방법은 거의 대등소이하다고 할 수 있다. 다만, 각 과목의 특수성으로 인한 공부 방법의 차이만 있을 뿐이다. 국제사법과 국제물품매매계약에 관한 유엔협약(CISG)으로 구성되어 있는 국제거래법은 대부분이 국제적인 협약과 각국의 법과의 비교법적인 방법을 통하여 연구 결과물로서 만들어진 법규로서 우리나라에서만 특수한 그러한 법률은 아니다. 그럼에도 불구하고 아직까지는 우리나라에서 생성된 판례가 그리 많은 편에 속하지는 않는다. 그렇다고 외국의 서적과 판례를 수험생들이 공부해야 하는 과목도 아니다. 따라서 공부 방법론에 있어서도 변호사 시험에 주안점을 두고 공부하면 되는 정도이다. 각각의 기본서 또는 단권화된 기본서를 토대로 수업을 중심으로 하여 예 · 복습을 하고 국제거래법에 해당되는 조문과 영역에 따른 대법원 판례를 중심으로 공부하면 된다.

현재 사례형으로 출제되고 있는 국제거래법은 다른 법률 과목도 마찬가지지만, 대륙법계의 법령 해석과 Problem method 중심의 교과서의 서술 방법에 익숙한 공부 방법에 기반하고 있다. 원래의 영미식 로스쿨에서의 Case method 방식의 강의와 공부 방법에 기반하지 않고 있다는 의미이다. 따라서 수험생들의 선택과목으로서 국제거래법의 공부 방법도 변용된 형태의 로스쿨 강의와 시험 방법에 맞추어 공부를 하는 것이 필요하다는 의미이다.

국제사법은 62개 조문 내용에 맞추어 분야별로 정리를 하면 된다. 즉, 외국적 요소가 있는 사안을 기반으로 하여 국제재판 관할권이 있는지와 그때에 그 사안에 적용될 준거법을 결정하는 것이다. 그러한 준거법을 정하기 위하여 우선적으로 법률 관계의 성질 결정을 하게 된다. 그러한 법률관계의 성질 결정을 하기 위하여 민총, 물권, 채권, 친족상속, 상법 등에서 배웠던 내용을 바탕으로 하게 되고, 그렇게 성질 결정을 하고 나면 그 사안에 기계적으로 대입을 하여 적용될 법률을 정하게 된다. 즉, 외국적 요소가 있는 사안에 대하여 사인 간의 법률관계를 해결하기 위한 방법을 정해두고 그를 밝혀서 찾아가는 방법을 배우는 것이다. CISG는 101개의 조문이지만 시험에 출제되는 조문은

88개 조문 정도이다. CISG의 적용 범위, 계약의 성립, 물품 매매의 이행과 그 과정에 개입되는 계약 당사자의 권리와 의무, 그 위반에 따른 권리구제 방법을 조문의 순서에 맞추어 공부하게 된다. 법전원생이라면 이미 계약법과 매매법을 수강하면서 배웠던 내용들과 큰 차이가 없기 때문에 내용을 숙지하는 데 큰 어려움은 없다. 다만 대륙법계에 해당되지 않는 영미법적인 요소들이 CISG에 담겨 있는데, 몇 가지 계약법과 관련하여 특이한 제도들과 내용을 이해하는 데 좀 더 시간이 필요한 정도이다.

국제사법과 CISG의 공부 방법은 법규의 특수성으로 인하여 약간의 공부 방법이 다를 수는 있지만, 대부분은 법전원생들이 이미 민 · 상법 시간에 배웠던 내용을 바탕으로 하여 공부하게 된다. 따라서 국제거래법을 선택과목으로 하여 공부하는 법전원생이라면 우선적으로 과목의 내용과 특성을 이해하고, 각자가 변호사 시험 준비에 적합한 공부 방법론을 찾아가면 된다.

3. 변호사 시험 선택과목으로서 국제거래법

1) 국제사법

국제사법은 사례형으로 출제되며 배당된 점수는 80점이다. 대부분은 하나의 사례형으로 출제되며, 사안에서 외국적 요소가 있는지, 외국적 요소가 있다면 우리나라 법원에 국제재판 관할권이 있는지, 국제재판관할권이 있다면 어느 나라의 어떤 법을 적용할 것인지 즉 준거법을 선택하라는 문제가 출제되게 된다. 대부분의 사례의 경우 국제 재판 관할권에 관하여는 1문이 출제되기 때문에 해당되는 내용을 완전히 준비를 하여야 한다. 나머지의 대부분은 준거법 선택에 관한 문제이기 때문에 우선적으로 법률관계의 성질 결정을 한 후에 준거법을 선택하게 된다.

국제사법을 설명하고 있는 기본서를 한 권 정해서 읽고, 변호사 시험과 각종 모의시험의 기출문제를 분석해 보는 것이 우선적으로 필요하다. 또한 전체적인 62개 조문의 구성을 살펴보고 세부적으로 각각의 조문의 역할과 영역을 구분할 줄 알면 쉽게 공부를 할 수 있다. 공부는 기본서에 따른 쟁점별로 판례를 찾아서 읽는 입체적인 방법으로 공부를 하는 것이 빠른 이해를 위해서 필요하다. 국제사법의 영역에 해당되는 대법원 판례가 많이 있기 때문에 조문별 또는 영역별로 세분하여 정리하고, 최근에 문제가 되고 있는 판례를 중심으로 정리를 하는 것이 필요하다.

국제사법에서 출제되고 있는 사례형 문제는 당사자자치, 소비자계약, 근로계약, 불법행위 등의 계약법 문제, 혼인, 이혼, 부양, 상속 등의 친족 상속에 관한 문제, 해상 문제 등이 주로 출제되고 있는 분야이다. 사례형 문제 중에서 대부분을 차지하는 준거법 결정 문제는 우선적으로 법률관계의 성질 결정을 하고, 그에 따른 준거법 결정을 하는 순서로 항상 정리를 해야 한다. 법률관계의 성질 결정만 할 줄 알면, 해당되는 조문을 찾아서 그에 따른 준거법을 찾아 가는 것이기 때문에 그러한 단련만 한다면 그렇게 어려운 과목이 아님을 알 수 있을 것이다.

미국식 Case method에 근거한 답안 작성을 하는 것이 아니라 쟁점별로 사실관계를 분석하고 그 사안에 적용될 법규범을 찾아내고, 해당되는 조문 해석에 따른 학설과 판례 등의 견해를 나열하고, 그것을 적용하여 사안을 해결하는 방식이기 때문에 그에 맞추어 공부를 하는 것이 필요하다.

2) 국제물품매매계약에 관한 유엔협약(CISG)

국제거래법의 두 번째 영역으로서 80점이 배정된 부분이 CISG이다. 국제거래법은 매우 방대한 영역에 걸쳐서 필요한 지식이 많지만, 선택과목으로서 국제거래법은 CISG의 영역에서만 80점을 출제하기로 합의가 되어 있다.

CISG는 국제적인 거래 중에서 95% 이상을 차지하고 있는 물품 거래에 적용되는 국제적인 협약이지만, 우리나라의 입장에서 보면 국제물품매매계약에 적용되는 국내법이다. CISG는 계약법과 매매법의 영역이고 대륙법과 영미법의 조화를 통한 협약이라고는 하지만, 아무래도 대륙법의 영향을 많이 받고 있기 때문에 수험생들 입장에서 보면 상당히 익숙한 선택과목이 될 수 있다.

CISG는 총칙과 계약편, 물품의 매매에서 각각 문제가 출제되고 있기 때문에 각각의 영역에 맞추어 기본서와 CISG의 조문 순서대로 공부를 하면 된다. 실제로 문제가 출제되는 조문은 101개 조문 중에서

88개 조문이다.

CISG를 적용한 판례와 중재판정은 전 세계적으로 몇천 건에 이르지만, 아직까지 우리나라에서 CISG를 적용하여 생성된 판례는 몇 개의 대법원 판례와 50여 개의 하급심 판례가 대부분이다. 또한 그조차도 대부분은 법률심이 아니고 법률심에 해당되는 내용도 구체적으로 조문을 해석하고 논쟁을 벌이는 부분이 아니어서 해당되는 사실관계를 차용할 수는 있지만 그러한 판례를 바로 사례형으로 만들기에는 부적합한 것들이 대부분이다. 그 이야기는 우리나라에서 생성된 CISG를 적용한 판례는 50여 개에 이르고 있지만, 실제로 공부해야 할 판례는 많지 않다는 의미이다. 따라서 사례형으로 출제되고 있는 문제들은 대부분이 지문을 만들기 위해서 각색하는 형태로 문제를 만들어 출제하고 있다.

협약의 적용, 계약의 성립, 계약 당사자의 의무와 그 의무 위반에 따른 권리 구제 방법을 중심으로 문제가 출제되고 있어서 어떠한 내용인지만 파악할 줄 알면 해당되는 조문을 중심으로 해석을 하고 학설과 판례만 간단하게 언급할 줄 알면 된다. 덧붙여서 국내법과의 관계 또는 대륙법과 영미법의 차이 등을 언급할 줄만 알면 된다.

따라서 CISG라는 국제협약을 중심으로 하는 국제거래법은 계약법과 매매법을 중심으로 하는 과목이기 때문에 상대적으로 수험생들에게는 아주 익숙한 과목이 될 것이고 시험 과목으로서 선택하여 준비할 때에는 그만큼 수고를 덜 수 있는 과목에 해당된다고 볼 수 있다.

제16절

환경법 공부 방법

유진식

전북대학교 법학전문대학원 교수, 법학박사, 행정법 전공

Ⅰ. 처음에

인간의 활동은 어떠한 형태로든 환경에 부담을 주게 된다. 환경법은 이러한 인간의 활동에 의한 환경에 부담을 줄이기 위한 시스템(=제도)에 관한 법이라고 말할 수 있다. 여기에 환경을 둘러싼 분쟁, 즉 사인私人과 사인私人 그리고 사인과 국가(=지자체 등) 사이에 발생하는 분쟁을 해결하기 위한 구제 제도와 환경에 관한 국가 간의 협약 및 조약[1] 등이 추가된다.

환경법의 공부는 다른 법 과목과는 달리 그 체계나 정보량이 많지 않아 학습이 비교적 용이한 편이다. 더구나 환경법의 중요한 부분인 분쟁 해결, 즉 구제 제도에 대해서는 이미 민법과 행정법에서 공부를 했기 때문에 그 부담은 대폭 줄어든다. 따라서 환경법 공부는 이하에서 제시하는 환경법의 체계와 내용을 숙지하는 것으로 충분하다고 생각한다.

Ⅱ. 환경법의 기본 이념 · 원칙과 수법

환경법은 환경에의 부담을 줄이고 또 분쟁을 해결하기 위한 기본 이념 · 원칙과 수법을 채용하여 발전시켜왔다. 환경법 체계는 이러한 기본 이념 · 원칙과 수법을 담고 있는 그릇이라고 해도 과언이 아니다.

1 국가 간의 협약 및 조약 등은 변호사 시험 범위에 해당하지 않는다.

이하에서 먼저 이들 내용에 대해서 살펴보기로 한다.

1. 기본 이념 · 원칙

이들 기본 이념 · 원칙에는 지속가능한 발전, 미연방지의 원칙 · 예방의 원칙, 오염자부담의 원칙, 협동의 원칙 등이 있다. 먼저, '지속가능한 발전(Sustainable Development)'은 80년대에 UN을 중심으로 지구환경보호의 지도 원칙으로서 인류가 미래에 풍요로운 발전을 계속할 수 있도록 하기 위하여 국제사회가 달성해야 할 목표 · 과제로서 등장한 개념이다. 이 개념과 관련된 규정을 두고 있거나 구체화하고 있는 법률로서는 환경정책기본법, 지속가능발전법 및 저탄소녹색성장기본법 등이 있다.

둘째로, '미연방지의 원칙 · 예방의 원칙'이다. 국가 및 지방자치단체는 환경오염물질 및 환경오염원의 원천적인 감소를 통한 사전 예방적 오염 관리에 우선적인 노력을 기울여야 한다(환경정책기본법 제7조의 2 제1항). 이 경우 규제 대상에 대한 과학적 지견의 확보의 정도에 따라 그 원칙이 달라진다. 즉, 과학적 지견이 충분한 경우에는 미연방지의 원칙이 적용되고 충분하지 않은 경우에 적용되는 것이 예방의 원칙이다. 미연방지의 원칙이 적용되는 경우 그 대상에 대하여 구체적이고 엄격한 규제가 가능하다. 예방의 원칙의 경우 규제 대상의 내용이 불분명한 경우 원래는 규제를 할 수 없는 것이 원칙이다. 그러나 환경 영역의 경우 만약 피해가 발생한 경우 회복 불가능한 경우가 많기 때문에 그 대강을 정하여 규제하는 것이 생산적이기 때문에 이 원칙이 허용되고 있다.

셋째로, '오염자부담의 원칙'이란 환경에 영향을 주는 행위를 한 자가 비용을 부담해야 한다는 원칙이다. 이 원칙은 환경정책의 국제경제면에 지도원리에 대한 OECD 이사회 권고로 도입되었으나 현재는 확대되어 물리적 또는 금전적으로 제품에 대한 책임을 제품의 라이프사이클에 있어서 소비 후의 단계에까지 지게 하는 환경정책의 접근 방식이다(=확대생산자책임론).

마지막으로, '협동의 원칙'이다. 이것은 환경문제를 해결하기 위해서는 모든 주체의 적절한 역할 분담과 협력이 불가결하며 다양한 사회세력이 환경정책의 형성에 조기 단계에서부터 참가할 수 있도록 할 필요가 있다고 하는 사고방식이다.

2. 환경보전의 수법

환경에 대한 부담을 줄이기 위한 수법, 즉 환경 보전의 수법에는 다음과 같은 것들이 있다. 규제적 수법, 토지이용규제수법, 계획적 · 관리적 수법, 경제적 · 유도적 수법, 행정지도수법, 정보情報수법, 환경기술개발수법 등이 있다.

Ⅲ. 구제 제도

환경 분쟁을 해결하기 위한 구제 제도로는 분쟁조정제도(이른바 ADR), 민사소송, 행정소송 그리고 국가배상 등을 들 수 있다. 현행법상 분쟁조정제도로는 환경분쟁조정법상의 알선斡旋, 조정調停 그리고 재정이 있다. 민사소송의 경우 환경 분쟁의 특성상 인과관계의 입증책임의 완화, 무과실책임, 위법과 과실의 일원적 파악 등 불법행위 책임론에 새로운 이론을 제시하고 있다. 행정소송의 경우 항고소송에 있어서 환경영향평가대상지역 내의 주민에 대한 원고적격을 인정한다거나 대상지역 밖의 주민에 대해서도 수인한도를 넘는 피해를 받고 있거나 받을 우려가 있다는 점을 입증하는 경우 원고적격을 인정하는 등 역시 행정소송법이론의 전개에도 큰 영향을 끼치고 있다.

국가배상의 경우 국가배상법 제5조의 영조물의 설치 · 관리의 하자에 대한 배상을 넘어 영조물의 이용에 따른 불법행위, 즉, 소음, 악취 등에 대해서도 그 책임을 인정하고 있다.

Ⅳ. 환경법의 체계

환경법은 앞서 설명한 것처럼 환경법의 기본이념 · 원칙과 수법 그리고 구제제도에 관한 내용을 담고 있는 그릇(=시스템)에 다름 아니다. 이 시스템에는 층위層位가 있어 환경권에 관한 규정을 두고 있는 헌법을 최상위로 하여 일반론을 규정하고 있는 환경정책기본법[2]이 있고 위의 기본 이념 · 원칙과 수법 그리고 구제 제도를 구체화한 개별법이 있다. 이들 개별법 가운데 변호사 시험의 대상이 되고 있는 법률로는 다음과 같은 것들이 있다. 환경영향평가법, 자연환경보전법, 대기환경보전법, 수질 및 수생태계 보전에 관한 법률, 소음 · 진동관리법, 폐기물관리법, 토양환경보전법 그리고 환경분쟁조정법이 있다.

V. 공부 방법

앞서 간단히 설명한 것처럼 환경법 공부는 다음과 같이 크게 두 부분으로 나눌 수 있다. 먼저, 환경 분쟁에 대한 해결, 즉 구제 제도이다. 그리고 또 한 부분은 각 개별법의 메커니즘을 이해하는 일이다. 전자의 경우에는 민법과 행정법에서 공부한 내용을 바탕으로 하여 환경법에서의 특징적인 사항이 무엇인가를 공부하는 것으로 족하다고 할 것이다. 후자의 경우에는 환경법총론이라고 할 수 있는 환경법의 기본 이념 · 원칙과 수법을 이해하고 각 개별법이 어떠한 시스템에 의하여 어떠한 내용으로 규제 대상을 규율하고 있는가를 파악하는 훈련이 필요하다. 이것은 결국 법조문을 읽는 훈련에 다름 아니다. 즉, 문제되고 있는 사안이 관련 법에서 어떻게 취급되고 있는가를 분석하는 일이다.

2 지속가능발전법, 저탄소 녹색성장기본법 등도 이 카테고리에 속한다.

제17절

지적재산권법 공부 방법

최동배

전북대학교 법학전문대학원 교수, 변호사, 지적재산권법 전공

1. 들어가며

변호사 시험 기간은 혹한기인 1월, 휴식일 하루를 포함하여 5일 동안이다. 변호사 시험 공부는 변호사 시험 전 한 달 동안 변호사 시험 과목에 대한 효과적인 최종 정리를 위해 공부하는 것이고, 결국에는 시험 당일 각 과목에 대하여 마지막 정리가 가능토록 하기 위해 준비하는 과정이라 해도 과언이 아니다. 그러므로 수험생은 각자의 취향에 따라 시험 과목에 대해 '서브노트'나 '단권화' 작업을 하여 이에 대비하여야 할 것이다.

선택과목인 '지적재산권법'에 대해서는 '단권화' 작업보다는 '서브노트'를 권한다. 중요한 내용을 '서브노트' 하는 과정에서 e-class에 올라와 있는 나의 강의 노트 파일이 효과적으로 활용되기를 바란다.

'지적재산권법'에 대한 서브노트 정리가 잘되어 있을 때의 장점은, 시험 기간 중 효율적으로 시간을 활용할 수 있다는 것이다. 즉, '지적재산권법'에 대한 서브노트 정리가 잘되어 있을 경우, '공법'과 '형사법'을 이틀간 치른 후 주어지는 하루의 휴식일에 '민사법'에 대한 최종 정리에 전념할 수 있다. 알다시피 '민사법'은 범위가 넓어서 시험 전날 통독하기가 여간 쉽지 않고, 배점도 '공법'과 '형사법'에 비해 비중이 175% 높다('공법'과 '형사법'이 선택형 · 사례형 · 기록형을 합하여 총 400점인 데 반하여 민사법은 총 700점이다). 이는 곧 선택과목에 대한 효과적 정리가 '민사법' 시험을 잘 치르기 위해 필수 선행 조건이 된다는 것을 말한다.

'지적재산권법'이 많은 학생들에게 선택과목으로 선택되지 않는 이유를 살펴보면, 변리사 시험 공부 등 경력이 있는 로스쿨생에 비해 상대적으로 불리하지 않나 생각하고, '환경법'이나 '국제거래법'과는 달리 다른 과목과의 연계성이 떨어진다고 생각하기 때문인 듯하다. 그러나 실제로 '지적재산권법'은 '민사법'에서 떨어져 나온 과목이고 '민사실체법'과 '민사절차법'의 이해와 밀접한 관련이 있으며, '민사법' 공부에도 많은 도움이 된다. 또한 '민사법'(실체법과 절차법)에 대한 이해가 잘되어 있다면 시험장에서 제공되는 법전의 '특허법' 및 '저작권법' 조문과, 로스쿨 3년을 통해 터득한 legal mind만 활용하여도 과락은 면할 수 있는 과목이 '지적재산권법'이다.

실제 변호사 시험에서 다른 선택과목의 경우에는 총합 90점을 넘기기가 매우 어려운 것으로 알려져 있는데, '지적재산권법'의 경우에 90점 이상의 고득점이 비교적 수월할 뿐 아니라 과락의 위험도도 매우 낮다. 따라서 '지적재산권법'이 선택과목으로 환영받지 못할 하등의 이유가 없다.

2. 〈변호사 시험〉 선택과목으로서의 지적재산권법

가. 출제 범위 및 출제 방식

'지적재산권법'의 출제 범위는 원칙적으로는 1) 특허법, 2) 실용신안법, 3) 상표법, 4) 디자인보호법, 5) 저작권법의 5법이다. 그러나 1회부터 5회까지 실시된 변호사 시험에서 출제된 과목은 제1문 '특허법'과 제2문 '저작권법'에서 '사례형'으로 출제되었다(모의고사에서는 '상표법'이 한 번 출제된 적이 있기는 하나, 실제 변호사 시험에서는 아직 한 번도 출제되지 않았다).

나는 1회 변호사 시험의 '지적재산권법' 출제위원(출제위원은 3명, 당시 변호사 1명과 실무가 출신 대학교수 2명으로 구성됨)으로 참여하였는데, 당시 출제위원들이 공유했던 비전은 '지적재산권법'이 광범위한 범위에도 불구하고 수험생들에게 변호사 시험 선택과목으로 선택될 수 있도록 방향 모색을 강구하자는 것이었다. 그 결과 시험 범위에 대한 부담을 좀 덜어 줄 필요가 있다고 합의하여 〈1회〉에는 '특허법'과 '저작권법'을 출제하였다. 그리고 그다음 해(짝수 기수)에는 '특허법'과 '상표법'이 출제되도록 기대하며, 수험생들로 하여금 홀수 시험 기수 해에는 '특허법'과 '저작권법', 짝수 시험 기수 해에는 '특허법'과 '상표법'이 출제된다는 예상이 가능하도록 하는 방향으로 나아가기를 기대했던 것이다.

그러나 이제까지 실시된 변호사 시험은 제1문 '특허법'과 제2문 '저작권법'으로 고착되어, 장차 어느 출제위원이 들어가더라도 수험생의 기대에 이율배반적으로 반응하여 '저작권법'을 대신하여 '상표법'을 출제하기란 상당히 어려운 현실이 되었다. 다만 일말의 가능성에 대비하기 위하여 후술하는 바와 같이 '상표법'의 중요한 부분은 공부해 두는 지혜도 필요하다. 그리고 '실용신안법'과 '디자인보호법'은 '특허법'과 유사한 법리 구조를 가지고 있기 때문에 '특허법'을 대신하여 이들 법이 '지적재산권법' 시험문제로 별도로 출제되기란 거의 불가능하다고 보면 되겠다.

그렇다면 변호사 시험 수험 과목으로서의 '지적재산권법'은 공부해야 할 과목의 수가 사실상 현저히 줄어든다. 또한 각 과목의 조문의 전체 구조가 매우 유사하고, 논리 구조 역시 유사점이 많아 한 과목을 이해하면 다른 과목을 공부하는 것도 훨씬 수월하다는 장점이 있다.

변호사 시험의 '사례형' 과목에서, 표준점수와 원점수 모두 40%이하의 득점을 한 경우 선택과목 과락이 나오나(변호사 시험법 시행규칙 제7조), 대부분 명확한 판례나 조문에서 문제의 답안을 구성하도록 되어 있어, 원점수에서 40% 이하의 점수를 얻을 확률은 매우 희박하다.

지적재산권법'의 경우, 학설의 대립이 있는 경우가 매우 드물게 출제되기는 하나, 대부분의 문항들이 리딩 케이스 수준의 판례에서 출제되고 있기 때문에, 그 결론이 명확한 경우가 대부분이고 논란의 여지가 거의 없어 중요 판례만 숙지하고 있다면 충분히 고득점을 할 수 있다.

법조문의 양이 절대적으로 많지도 않을 뿐 아니라, 변호사와 변리사의 업무 영역의 차이 때문에 실제 시험에서 출제되지 않을 부분이 매우 많다. 이러한 부분은 대부분이 절차적인 부분에 관한 것으로 조문의 위치만 숙지하고 있어도, 주어진 시험 시간 안에 충분히 풀이를 할 수가 있어 변리사의 업무 영역 부분은 이를 과감하게 배제하고 공부할 수 있다. 따라서 실제 공부 양은 매우 줄어든다. 문항의 난이도가 높지 않아 표준점수로 환산할 경우, 대부분이 비슷한 점수를 획득하지만 혹시라도 잘 볼 경우 등수가 가파르게 상승하기 때문에 고득점을 획득할 수 있고, 이런 경우 다른 과목에서의 실수를 충분히 만회하고도 남음이 있다.

위치	표준점수(100점 기준)	지적재산권법(X0.8)
10~15%	60.XX	48
30%	55.XX	44
50%	50	40
75%	42.XX	33~34

'지적재산권법'의 채점 특성상 동점자가 많기 때문에 백지를 써내는 등의 실수를 하지 않는 이상 대부분이 동점자 라인에 걸려서 최하점을 받을 위험이 적고, 상대적으로 그 낙폭도 적은 편이다.
학교 시험에서는 표준점수로 환산되지 않기 때문에 체감하기 어렵지만, 실제 변호사 시험에서는 다른 '사례형' 과목의 점수를 표준점수로 55점 이상을 받는 것이 매우 어렵다.
만약 조금 더 공부해서 고득점을 노린다거나, 면 과락이 목표라면 '지적재산권법'은 선택과목으로서 적당한 선택이다.

나. 특허법

지재권을 선택한 학생의 수가 적다는 것과 사실상 변리사들의 업무 내용과 변호사들의 업무 내용이 다르다는 점이 시험에도 많이 반영된다. 실제 소송에서도 기술 영역 부분은 변리사들이 많이 담당한다. 따라서 집중적으로 공부해야 할 부분과 버려도 괜찮은 부분이 확연히 갈라지는 특징이 있다. 시험 막바지에 '개념' 부분에 비중을 두어 공부하고, 출원 절차에 관한 부분은 과감하게 생략하여도 무방하다.

다. 상표법

지금까지 시험에 출제된 적이 없다(간혹 모의고사에는 나오는 경우가 있기는 하나, 크게 신경 쓰지 않아도 된다). '상표법'의 특성상 침해 부분을 비교하기도 힘들고, 나머지 침해 시의 구제 부분은 '특허법'과 거의 동일하다.

라. 저작권법

개념 부분이 특허와 조금 다르기는 하나, 침해 시의 구제 방안이 '특허법'과 거의 유사하다(왜냐하면 기본적으로 침해의 구제는 '민사법'의 영역이기에 그 내용과 방법이 겹칠 수밖에 없다).

3. 공부 방법

가. 특허법

특허 요건, 특허 종류, 특허침해 성립 여부(균등론과 출원경과금반언의 원칙), 침해에 대한 구제 방법 등을 중심으로 공부하고, 특허 절차와 관련된 부분은 사실상 변호사의 업무 영역이 아닌 변리 업무 영역에 해당하기에 과감하게 한 번 읽고 넘어가는 정도로 정리하면 된다.

나. 상표법

상표법은 시험에 출제된 바는 없고 앞으로도 없을 것으로 예상되기는 하나, 만일에 출제될 가능성이 높은 부분이라면

i) 불사용 취소심판

ii) 상표의 무효, 취소가 되는 경우

iii) 침해 시 구제 방법

이다. 이렇게 세 가지만 공부해도 무방하다.

다. 저작권법

'저작권법'의 경우 특허에 비하여 다양한 저작권의 형태가 존재하기 때문에 저작물에 대한 개념 중심으로 이해하고, 저작물에 대한 개념은 조문에 그대로 나와 있거나 특별한 경우에는 법원이 정의를 내려 주는 경우가 대부분이므로, 중요 판례만 읽어도 개념 정리에는 충분하다.

조문의 수가 많지 않기 때문에 '조문 목차'만 읽어보아도 충분한

대비가 되기도 하고, 시험장에서도 조문을 '그대로' 쓰는 것이 가장 훌륭한 답안이 되는 경우가 많기도 한 과목이다.

4. 답안지 작성 방법

선택과목은 전부 '사례형'으로 출제되는데, 사례형의 '공법'과 '형사법'에 비해 배점이 80%이다('공법'과 '형사법'의 사례형이 200점인 데 반해 선택과목의 사례형의 경우는 160점이다).

이러한 이유로 답안지의 분량도 80%만큼만 쓰는 사람들이 있는데 절대로 그래서는 안 된다. 오히려 그런 사람들이 있다는 걸 기회로 삼아 더 자세히 쓰려고 노력하여 고득점을 목표로 하는 게 좋다. 20점 분량을 한 페이지에 맞추어 쓴다는 원칙하에 답안을 작성하는 것이다. 예컨대, 10점짜리 문제이면 15~16줄을 작성하는 방법이다. 다른 과목에 비해서 배점당 주어지는 답안지 분량이 많기 때문에, 10점짜리 문제도 무조건 목차를 잡아서 작성하는 게 바람직하다.

채점자는 가이드라인에 맞추어 채점하기 때문에 어느 한 논점에 너무 치중하여 다른 논점을 빠뜨리면 안 된다. 수험생이 출제자가 되어 어느 논점에 점수가 배정되었는지를 염두에 두고(출제자의 의도를 간파하여) 답안지를 작성해야 하는 것이다. 야박하지 않은 채점자라면 약간의 언급만 있어도 그곳에 배당된 점수를 주고 싶어 하기 때문에, 논점들을 빠뜨리지 않고 언급하여 답안을 작성하는 것이 중요하다.

※ 답안의 기본적인 목차는 다음과 같다.

1. 논점의 정리
2. 제1논점
   (1) 논증
   (2) 소결
3. 제2논점
   (1) 논증
   (2) 소결
4. 결론

의 방식이나,

(1) 쟁점의 제시
(2) 사안의 검토
(3) 사안 Å의 해결

이라는 3단계 서술 방법에 따라 서술하는 것이 필요하다.

어느 방식을 택하더라도 법학의 서술 태도는 미국에서 발달한 법문서 작성법 IRAC 이론, 즉 ISSUE, REASONING, ANALYSIS, CONCLUSION에 따라 분석하는 것임을 숙지하고 있어야 한다. 이에 따라 사실관계의 요지를 정리하고 사실관계에 쟁점이 있다면 이를 정리한 다음, 법적 쟁점을 찾아내야 한다. 그 뒤 판례와 적용 법조를 찾아 쟁점을 해결하기 위한 법적 추론과 분석을 해야 한다. 그 뒤 사안을 해결한 결론을 명확히 제시하여야 한다.

법문서는 간결하고 명확하게(모호한 것을 피하고) 분명한 서법으로 기술하여야 한다.

학설과 관련하여서는 거의 작성하지 않아도 무방하나, 명확히 알고 있었던 것이 있으면 "…인 점과 관하여 …이 문제된다. 이와 관하여 i) …라는 견해 ii) …라는 견해 iii) …라는 견해가 있다. 우리 법원은 …하여 …라는 입장이다."라고 짧게 언급하면 좋다. 학설을 언급하는 대신에 해당 조문을 정확하게 찾아서, '민사법'의 이념인 '구체적 타당성'과 '법적 안정성'을 구현할 해결 방안을 답안지에 언급하는 것이 고득점에 유리하다.

5. 기출문제('변호사 시험', '법전원협의회'의 모의시험) 분석의 중요성

변호사 시험은 지엽적인 문제를 다루는 것이 아니라, 필드에서 실제 벌어지는 사건에 대한 해결 능력을 테스트하는 것이므로, 쟁점이 비슷한 문제가 사안을 달리하여 반복 출제될 수 있다는 것을 유념해야한다. 그러므로 '특허법'과 '저작권법'의 중요 내용을 잘 이해하고 중요한 판례를 기억하는 것이 중요하다. 최근에 필드에서 일어나는 사건을 알기 위해서는 최근 5년간의 판례에 특히 주목할 필요가 있다.

뿐만 아니라, 제1회 변호사 시험문제에서부터 제5회 변호사 시험문제까지는 물론이고, 법무부와 법전원협의회의 모의시험 기출문제도 철저히 분석하여, 이와 유사한 문제가 출제되는 경우에 놓치지 않도록 해야 할 것이다. 실제 출제된 문제를 풀 때는 실전에서와 같이 법전을 놓고 풀어보는 방식으로 공부를 하는 게 바람직하다. 다른 법 과목 공부도 마찬가지이지만 항상 법전을 보면서 공부하는 습관이 몸에 배어 있어야 한다. 그래야 쟁점을 해결하는 법원리가 법조문의 어느 위치에 있는지 숙지할 수 있다. 한정된 시간 안에 풀어야 하는 시험임을 감안하면 더욱 그러하다.

6. 글을 마치며

법조인의 꿈을 안고 로스쿨에 들어온 이상, 기회비용의 큰 손실이 생기지 않기 위해서는 초시에 합격하여야 한다. 수험 공부는 대학 입시와 별반 다르지 않다고 생각한다. 타고난 머리는 이제 탓할 단계가 아니다.

"공부는 엉덩이와 손으로 하는 것이다"라는 말에 동감한다. 스터디 그룹이나 식사 시간에 동료들과 토론하며 익힌 논점이나 판례는 잘 잊히지 않는다. 틈날 때마다 동료들과 함께하며 그때그때 공부했던 것이나 의심나는 것 등을 가지고 토론하면 좋다. 혼자 공부할 때는 말로 소리내기가 주위 여건상 쉽지 않으므로 평소에 답안지를 작성하듯 글로 쓰면서 공부하는 습관을 들이는 것이 바람직하다. 글로 표현된 '답안지'를 채점하는 것이지 수험생의 두뇌를 스캔하여 그가 얼마나 알고 있는지 채점하는 방식이 아니기 때문이다. 발로는 도서관에 가서 붙박이로 앉아 있고, 손으로는 '서브노트'나 '단권화' 작업 등에 열심히, 몸으로 하는 공부를 권한다. 글을 오래 쓰다 보면 필체도 종전보다는 개선될 것이고, 같은 내용이라도 보기 좋은 떡이 먹기에도 좋다고 속도까지 좀 빠르다면 금상첨화가 아니겠는가. 컴퓨터로 변호사 시험을 보게 될 날이 올 때까지는 로스쿨에 재학하는 동안 좀 더 빠르게 보다 잘 쓰는 능력을 조금씩이라도 키워나가는 것이 좋겠다.

시험은 추운 겨울에 있다. 평소의 건강관리 또한 소홀하여서는 안 된다. 엄동설한 5일 동안의 시험을 위하여 로스쿨 3년을 보낸다는 각오를 다진다면 한시라도 건강을 해치는 일을 삼가게 될 것이다. 열심히 동료들과 함께 어울려 공부한 자는 동료들로부터 좋은 평가를 받고 법조인이 되어 당당히 로스쿨 문을 나설 것이다.

제18절

사회보장법 공부 방법

이호근

전북대학교 법학전문대학원 교수, 사회정책학 박사, 사회법 전공

1. 사회보장법의 비중과 의의

사회보장법은 우리나라에서 산업화와 사회경제적 발전 과정에서 독자적인 법 영역으로 점진적으로 발전하여 왔다. 그럼에도, 우리나라의 사회보장법은 '실정법'의 연원이 길지 않아, 아직 중심법적인 지위에 있지 않으나 실정법의 역사가 길고 성숙한 복지국가에 이른 유럽 국가들과 일본(① 공법, ② 형사법, ③ 민사법, ④ 산업법, ⑤ 조약, ⑥ 사회법 등 6개 법 분야를 핵심 영역으로 분류하고 있음)의 경우 각기 사회보장법이 차지하는 비중이 상당하며, 점차 우리나라도 그런 방향으로 발전하는 추세에 있다.

법전원 3년 과정에서는 우선 선택과목인 노동법 영역에 산업재해보상보험법이 포함되어 있으므로 주요 법령의 이해, 관련 판례의 쟁점 등을 학습하여야 하고, 향후 노동 · 사회법 분야 전문 법조 인력으로 활동할 수 있기 위해서 법전원 과정의 학습은 중요한 의의를 갖고 있다.

공법과 사법의 중간 지대에 위치해 ① 노동법, ② 사회보장법, ③ 경제법을 아우르는 영역인 '사회법' 분야의 하나로서 사회보장법은 변호사 시험 외에도 행정고시(2차) 시험(검찰행정 및 사회복지직렬)의 시험 과목이며, 공인노무사 시험에서 사회보험법이 2010년부터 1차 시험 과목으로 채택되어 시행 중이고, 사회복지사 시험 필수과목 등 각종 국가시험에서 중요성이 높아가고 있는 추세이다.

특히, 로스쿨에서는 향후 법조인으로서 노동 · 사회법 분야 전문 변호사로 활동하고자 하는 경우, 노동법 외에 사회보장법 분야에 대한 학습과 이해는 '필수적'이다. 우리나라가 선진 복지국가를 지향한다 할 때 그 법적, 사회적 지위는 더욱 중요해질 것으로 예상된다. 독일의 경우 민 · 형사법원외 독자적인 연방노동법원(Bundesarbeitgericht)과 연방사회법원(Bundessozialgericht)이 50년대 초부터 구성 · 운영되어 오고 있으며, 이들 분야 법원은 시 · 군 · 구, 주, 연방사회법원 등 그 자체로 독자적인 소송절차와 권리 구제 체계를 갖추고 있다. 관련 법조인으로 명예판사를 포함 판사의 수만 1,800명에 이르고, 소송 건수만 해도 40만 건이 넘는 등 사회보장법이 매우 중요한 위상을 차지하고 있다. 우리나라에서도 독립적인 '노동 · 사회보장법원' 설치 의견이 꾸준히 대두되고 있는 만큼 로스쿨에서 이 분야 전문 법조인의 양성이 사회적 과제라 하겠다.

또한 사회보장법은 노동법과 사회복지 분야 정부의 주요 부처(보건복지부, 노동부, 여성부와 하도급법 관련 공정거래위 등)나 관련 기관(국민건강보험공단, 국민연금공단, 근로복지공단 등 5대 사회보험을 관할하는 기관과 최근 2012년 의료분쟁조정법에 따라 발족된 보건복지부 산하 한국의료분쟁조정중재원 등 관련 기관) 및 지자체(복지 부문 담당 부서)와 사회적 취약계층 등에 무료 법률 상담, 소송대리 등 법률 서비스를 제공하는 법률복지기관인 대한법률구조공단, 그리고 다양한 민간 부문(사회복지 관련 법인, 노사 단체의 법률원, 기업의 관련 재단 등)과 국제기구(ILO, OECD, UN 등) 등에서 지속적으로 증가하는 법률 수요와 함께 관련 전문 변호사를 육성 · 배출하여야 하는 임무를 로스쿨이 담당하여야 하나 현재 시험 중심의 법전원 교육 체제에서는 이러한 사회적 수요에 부응하는 법조 실무가의 양성이나 취지에 부합하지 못하고 있어 향후 개선이 요구되고 있는 실정이다. 실제 우리 대학 노동사회법 과목을 수강하고 변호사 시험에 합격하여 변호사로 활동하고 있는 법전원의 기 졸업생 중에는 노동(사회)법 분야 전문로펌, 국회, 국민연금공단, 한국의료분쟁조정중재원 그리고 서울시 복지재단의 서울사회복지공익법센터, 기타 지방 사회복지협의회, 그리고 법무부 산하 각 지자체의 법률홈닥터 등에 타 대학 법전원 출신 변호사에 비하여 비례적으로 많은 수가 진출하여 좋은 평가를 받고 활동하고 있기도 하다.

사회보장법 분야는 국가의 정책 중 그 비중이 매우 높은 영역이며 사회권이 법적 권리로서 확립되어 있는 선진국일수록 이 분야가 매우 중요한 비중을 차지하고 있고, 따라서, 관련 법제가 상당히 세분화되어 있으며 관련 소송 건수도 많다. 또한 고령화와 저출산 등 인구학적 변화와 경제활동의 초국적화의 증가는 사회보장법과 정책 분야에서 역시 '국제사회보장법'(예: EU) 분야 전문 인력 양성의 필요성이 더욱 높아가고 있으며, 관련 국내 법조 실무가의 교육이 중요한 실정이다. 법전원 사회보장법 과정에서는 이런 국제사회보장법 분야의 장래 수요를 위하여 유럽사법재판소(ECJ: European Court of Justice) 등의 주요 판례를 다루는 '사회보장정책론'과 미국, 독일, 일본 등 주요 국가의 관련 판례를 다루는 '사회법판례연구' 과정 등 '원어 강의 과정'이 개설되어 있어 대표적인 판례에 대한 '원문'(영어, 독일어 등)의 학습과 주요 판결의 역사적 의의와 사회법 판례의 국제적 동향을 분석하고 있다. 법전원 재학 시절 국내 사회보장법은 물론 이러한 국제사회보장법 주요 관련 판례의 학습 기회를 갖고, 글로벌 시각과 전문성을 겸비한 실력 있는 법조 실무가 준비를 위한 학습 과정이 될 것이다.

2. 로스쿨 사회보장법 공부 대상

법조 실무가의 전문적 육성 과정인 우리나라 로스쿨 교육과정에서 사회보장법은 그 자체 법 영역 기본 법률과 관련 판례에 대한 학습과 이해와 동시에 두 개의 긴밀한 연관 분야에 대한 이해를 전제로 하고 있다. 즉 공법 분야인 헌법(헌법재판 등)과 행정법(행정구제절차 등) 등과의 연관성, 동시에 고용 관계를 중심으로 형성되는 노동법과의 밀접한 연관성이 그것이다.

구체적으로, 현재 법전원 선택과목 7개 중 노동법 분야는 '사회보험 분야 중 산업재해보상보험법'을 포함하고 있다. 6차까지 실시된 법전원 시험 노동법 선택과목에서 아직 시험 범위인 산업재해보상보험법을 포함한 문제가 출제되지는 않았다. 이것은 시험 과목으로서 수험생에게 노동법상 개별적 근로계약법과 집단적 노사관계법에서 각기 1문제씩 2-3항이 출제되는 방식에서 수험생의 부담을 최소화하면서 수험생들에게 선택과목으로서 수용성을 높이고자 하는 의도에서 우선

노동법에 대한 기본적인 이해를 중심으로 한 테스트에 출제 범위를 한정해오고 있기 때문이다. 이런 기본 출제 의도는 당분간 유지될 것으로 보이나, 산업재해보상보험법이 소송 건수 면에서 노동관련 부문에서 차지하는 비중이나 노동법과 사회보장법이 점차 밀접한 관련을 갖게 되는 사회적 추세, 그리고 노동법과 더불어 가장 실무 친화적인 법 영역의 하나로 법전원 사회보장법 공부에 대비하여야 할 것이다.

3. 사회보장법 공부 방법

법전원 사회보장법 교육과정은 사회보장법 영역 중 관련 20개 내외의 법률과 판례(기본 판례 60개 내외 및 관련판례 50여 개 등) 등을 중점 학습하여 변호사 시험(사회보험 분야 중 산업재해보상보험) 및 장차 법조인으로서 이 분야 이론과 소송 실무 등에 대비하는 전문 능력을 함양할 수 있도록 구성되어 있다.

전술한 바와 같이 사회보장법은 변호사 시험 등과 관련 '부분적인 선택과목'에 해당된다 할 수 있다. 애초, 법무부는 사회보장법을 별도의 선택과목으로 선정하려 하였으나 이 경우 기존 사법시험에 비하여 시험 과목이나 수험생의 학습 분량이 너무 많다는 우려와 관련 학회의 요청 등으로 제외되고 대신에, 사회보장법 중 노동법과 깊은 관련이 있는 산재보험 분야는 출제 대상에 포함하였다(노동법, 산재보험 분야 포함). 특히, 산재보험 분야는 사회보장법 중 사회보험 영역의 대표적 분야 중 하나로 분쟁 사례도 많으며 판례도 가장 많이 축적되어 있다. 법전원 선택과목 노동법 분야 시험은 160점, 사례형 2~3문제 정도가 출제되고 있으며, 산업재해보상보험법 분야는 아직 출제되고 있지 않지만 향후 독자적인 문제나 노동법과 결합된 사안의 문항으로 출제될 것이 예상된다.

4. 사회보장법 교육과정 구성과 학습 요령

사회보장법은 통상 ① 사회보험, ② 사회보상, ③ 공공부조, ④ 사회서비스법 영역으로 나누어진다. 관련 법은 통상 60개 내외의 법령이 해당되나 법전원 교육과정에서는 각 부문에서 12개 분야 20개 내외의 법령만을 엄선, 2학년 2학기와 3학년 1학기에 걸쳐 해당 법령과 관련 판례를 학습하게 된다.

로스쿨 사회보장법 분야 전문 교재(사회보장법, 전광석/박지순/김복기, 제4판, 신조사, 2017)를 중심으로 첫째, 기본사항에 대한 학습을 통해 사회보험과 사회보상법 영역 등 각 주제별 핵심 사항을 이해토록 하고, 둘째, '기본' 판례의 심층 분석, 셋째, '관련' 판례 연구로 심화 학습을 준비한다. 영역별 '기본 판례와 법령'에 대한 예습과 '관련 판례'에 대한 복습이 중요하다.

변호사 시험인 산업재해보상보험법 관련 다음 판례 및 유사 판례 유형에 대한 집중 분석 및 사안의 쟁점 정리 등 답안 작성 방법 등을 기본 과목과 연습 과목 과정에서 체계적으로 학습토록 한다.

① 법의 적용

- 산재보험 적용제외 사업: 헌재 2003. 7. 24. 2002헌바51(산업재해보상보험법 제5조 단서 등 위헌소원)

② 보험관계

- 불법체류 외국인 근로자에 대한 산재보험 적용: 대법원 1995. 9. 15. 선고 94누12067 판결(요양불승인처분취소)

③ 보험사고(업무상 재해 관련)

- '업무상 재해(업무 수행성)': 대법원 1999. 4. 9. 선고 99두189 판결 (업무수행성)
- '통근재해(출퇴근 재해), 일반 근로자의 통근재해': 대법원 2007. 9. 28. 선고 2005두12572 전원합의체 판결(유족급여 등 부지급처분 취소) ; 헌재 2016. 9. 29. 2014헌바254 산업재해보상보험법 제37조 제1항 제1호 다목 등 위헌소원)
- '업무상 질병(근위축성 측삭경화증 사건)': 대법원 1999. 1. 26. 선고 98두15757 판결(산재요양불승인처분취소)
- '과로사': 대법원 2009. 3. 26. 선고 2009두164 판결(유족보상 및 장의비부지급결정취소)

④ 급여 관련

- '보험 급여의 제한(범죄행위를 이유로 한 요양불승인)': 서울행정법원 2007. 11. 16. 선고 2006구단12237 판결(요양불승인처분취소)

⑤ 다른 법에 의한 보상 및 배상과의 관계

- '산재보험급여와 사용자의 손해배상책임의 조정': 대법원 1991. 7. 23. 선고 90다11776 판결
- '상속과 유족급여의 공제 순서': 대법원 2009. 5. 21. 선고 2008다13104 판결(양수금)
- '과실상계와 보험급여 공제의 순서': 대법원 1996. 1. 23. 선고 95다24340 판결

⑥ 제3자에 대한 구상 관련

- '제3자에 대한 구상–사업의 개념': 대법원 2008. 4. 10. 선고 2006다32910 판결(구상금)
- '사용자와 제3자의 공동 불법행위 시 근로복지공단의 구상권 범위': 대법원 2002. 3. 21. 선고 2000다62322 판결(구상금)

5. 법학전문대학원 교육의 특성과 사회보장법 학습

로스쿨 법학 교육은 전문 직업 교육이라 할 수 있다. 이러한 전문 직

업 교육은 종래의 이론 중심 교육에서 실무, 또는 이론을 겸한 실무가 강조되는 교육이다. 특히, 판례 분석과 변호사로서 실무적 대응 능력 함양이 중요한 비중을 차지하고 있다. 따라서 사회보장법 교육과정은 기본 과목에 대한 기초 과정 이수 직후 심화 단계가 시작되는 2학년 2학기에서부터 사회보장법 판례 분석 그리고 3학년 1학기 연습 과목 과정에서 권리 구제 절차 등을 포함한 변호사 시험 선택과목 사례형 시험에 대비한 집중적인 학습을 목표로 하고 있다.

※ 사회보장법 '실무중심' 강의의 학습 방법은 실제 의뢰인으로부터 사건을 의뢰받은 변호사로서 실무 능력 그리고 이와 관련된 이론 학습이 이루어져야 한다. 이를 위하여 먼저;

① 사실관계의 정확한 분석

② 사안(issue)의 핵심쟁점 추출

③ 관련 법률과 판례 분석(rule)

④ 관련 법리의 적용(application)

⑤ 결론 도출(conclusion)

순서대로 사안을 분석하고 정리하는 방법을 반복 학습한다. 변호사 시험 답안에서도 이와 같은 방식으로 답안 작성이 이루어지도록 반복적인 학습을 병행한다.

사회보장법 학습은 따라서, 판례에서 나타난 사실관계의 철저한 이해와 소송을 위한 재구성 능력, 관련 법리의 비교 형량 입증 능력 그리고 시대적 경향과 사회 통념에 부합하는 결론을 도출할 수 있는 전문 능력을 학습하는 것이다. 법전원 교육은 장기적인 전문 능력의 학습에 있으나 무엇보다 선택과목 변호사 시험에 합격할 수 있는 능력의 배양에 우선적인 목표가 있다.

동시에 법전원 사회보장법 강의에서는 문답식 강의를 목표로 하나 실제 학습 과정에서 문답식 교육이 효과를 보기 위해서는 교수와 학생의 실무 지향적인 높은 수준의 준비와 집중이 요구된다. 그러나 현실에서는 우리나라 법전원 교육의 현주소와 한계 등을 감안하여 관련 법령의 이해 그리고 관련 기본 판례의 이해 및 학습 정도와 핵심 쟁점에 대한 이해 정도를 강의 중 수시로 테스트하고 학습은 이에 대한 예 · 복습으로 이루어져야 한다.

※ 사회보장법 학습은 다음과 같은 사항에 대하여 집중하여 이를 준비하는 것이 되어야 한다.

① 사례에 대한 사실관계 확인

② 사례의 핵심 쟁점 확인

③ 판결 요지와 관련 원심 판결과 최종심 판결의 결과 확인

④ 원심 법원의 주요 판단 '논거'의 확인

⑤ 최종심 판결의 주요 '법리'의 확인

⑥ 원심 판결과 최종심 판결이 상이할 경우 본인의 판단과 논거 등

사회보장법은 교재의 각 장별 주요 주제에 대한 기본 설명을 바탕으로 시작하여 기본 판례 및 관련 판례를 다각적으로 분석하고 핵심 논점을 추려가는 방식으로 학습하고, 판례의 학습에서는 무엇보다 정확

한 사실관계에 대한 이해와 분석이 가장 중요한 사항이다. 따라서 기본 판례의 사건 개요, 판결 요지 및 판례 해설에 앞서 강의안에 첨가된 판결 전문을 정확히 숙독하여 이해토록 하며, 핵심 쟁점에 대하여 스스로 질문하는 습관을 기르도록 하는 것이 중요하다.

제19절

법조윤리 공부 방법

김성진

전북대학교 법학전문대학원 교수, 법학박사, 변호사, 노동법 전공

Ⅰ. 법조윤리 과목의 개요

○ 이 과목은 2009년 법학전문대학원의 출범과 함께 법학전문대학원 교육과정의 필수 실무 과목으로 도입되었다. 법학전문대학원(로스쿨)은 교육을 통한 법조인 양성 시스템이므로 어떠한 법조인을 양성해야 할 것인지에 관한 해답으로 이 과목이 도입된 것이다. 또한 이 제도의 도입과 함께 기존의 사법시험 체제에서 보다 더 많은 수의 법조인들이 배출되게 됨으로써 그동안의 법조계 내부의 여러 문제 외에도 양과 질적인 차원에서 더 많은 윤리적인 문제들이 발생할 것으로 예상되었다. 그러한 배경에서 법학전문대학원에서는 학생들의 법조윤리 교육을 강화하고자 필수과목으로 설강하고 있는 것이다.

○ 로스쿨의 교육 이념은 "인간 및 사회에 대한 깊은 이해와 자유 · 평등 · 정의를 지향하는 가치관을 바탕으로 건전한 직업윤리관…을 갖춘 법조인의 양성"을 목표로 한다(법학전문대학원 설치운영에 관한 법률 제2조). 이러한 이념을 실현하기 위한 방안으로 법조윤리 과목이 도입된 이상 로스쿨 학생들은 이 과목의 수강을 통해 법조인의 직업윤리에 대한 각성과 법률 전문가로서의 공적인 책임 의식을 높이 가질 필요가 있다. 그리고 법조인의 윤리에 관한 문제는 예비 법조인인 로스쿨 학생뿐만 아니라 실무에 있는 모든 법조인들이 평생의 화두로 고민하고 실천해

야 할 문제이기도 하다.

○ 로스쿨에서의 법조윤리 교육의 중요성에 비추어 우리 전북대학교 법학전문대학원에서의 법조윤리 과목은 1학년 1학기 1시간의 강좌로 설강되어 있어 충실한 교육이 이루어지기 어려운 것이 현실이다. 그런 가운데에서도 학생들은 수업을 통해서 자신이 향후 지향해야 할 올바른 법조인의 상을 확립할 수 있어야 할 것이다. 또한 향후 법률가로서 생활하면서 처하게 될 다양한 문제 상황에서 어떠한 처신을 할 것인지에 대해서도 고민하는 시간을 가져야 하며, 법률가로서 생활하면서 지켜야 할 최소한의 규제 내용에 대해서도 확인하는 시간을 가져야 한다.

II. 법조윤리 시험

○ 법학전문대학원에 입학한 학생이 변호사 자격을 취득하기 위해서는 두 가지 시험을 통과해야 한다. 그중 첫 번째로 치르는 시험이 법조윤리 시험이다. 그런데 상당수의 학생들은 이러한 시험의 존재조차 잘 모르고 로스쿨에 진학하는 것이 일반적이다. 그만큼 변호사 자격을 취득하는 데 있어서 이 시험의 비중이 높지 않은 것이 현실이기도 하다. 로스쿨 3년을 마치고 변호사 시험을 치르기 위해서는 그 전제로 법조윤리 시험에 합격하

여야 하고, 날로 경쟁이 치열해지고 있는 로스쿨 생활을 하면서 시간을 내어 시험 준비를 하여야 하는 학생들의 입장에서 이 시험에서의 합격 여부가 은근히 부담이 되는 것도 사실이다. 다만, 이 시험은 로스쿨생이 법조인으로서 가져야 할 최소한의 윤리를 갖추고 있는지 테스트하는 데 목적이 있으므로 그 시험의 구체적인 내용을 알면 크게 걱정하지 않아도 된다.

○ 법조윤리 시험은 법학전문대학원에서 법조윤리 과목을 이수한 자를 대상으로 하는 시험으로 객관식 40문항으로 출제된다. 문제는 사전에 문제은행에 모아진 문제 중심으로 출제되며, 지식측정형 문제와 사례형 문제가 반반씩 출제된다. 수험생은 40문제 중 28문제 이상(70점 이상)을 맞혀야 합격한다.
법조윤리 시험의 출제 대상은 변호사법, 변호사윤리장전, 대한변호사협회 회칙, 변호사징계규칙, 변호사업무광고규정, 인터넷 등을 이용한 변호사업무 광고기준, 변호사 전문 분야등록에 관한 규정, 공익활동 등에 관한 규정, 외국법자문사법, 법관윤리강령, 법관징계법, 검사윤리강령, 검사징계법 등이다. 이 중 가장 중요한 규범은 변호사법과 변호사 윤리장전으로 해당 내용만 제대로 숙지하면 3/4 정도의 문제를 해결할 수 있다.

지금까지 치러진 일곱 차례의 법조윤리 시험의 합격률은 다음과 같다.
제1회(99%) – 제2회(74%) – 제3회(97%) – 제4회(76%) – 제5회(86.7%) – 제6회(96.1%) – 제7회(98.21%)

이와 같은 통계를 기초로 본다면 학생들은 이 시험에 크게 부담을 느끼지 않아도 될 것이다. 그간 출제 경험상 출제위원들은 대체로 95% 내외 수준에서 합격률을 맞추려고 하나 출제 과정에서 예상 난이도를 맞추기는 쉽지 않다. 지금까지 합격률에 편차가 존재하였던 이유는 문제의 난이도에 차이가 있었던 이유도 있겠지만, 학생들이 이 시험에 대하는 태도, 긴장도, 준비하는 강도 등이 크게 작용하였다고 본다.

○ 법조윤리 시험의 출제 문제는 대체로 변호사 직무 윤리의 기본적인 내용이나 변호사 업에 대한 규제 내용을 숙지하고 있는지 확인하는 문제들이 주로 출제된다. 문제는 관련 법령 등의 중요 내용이나 대법원 판례 및 변호사협회의 질의 회신 내용들을 사례로 꾸며서 출제한다. 법조윤리의 특성 혹은 객관식 시험의 특성상 견해가 나뉘거나 직무 윤리에 문제가 있는 지문 등은 배제되므로 문제의 난이도는 그다지 높지 않다. 최근에는 난이도 조절 차원에서 법령이나 회칙 규정 등의 세부적인 내용까지 지문으로 출제되기도 한다. 또한 출제 대상 범위는 한정되어 있는 가운데 지금까지 어느 정도 기출문제가 쌓여감에 따라 기존 기출문제의 지문이나 사례 등을 변형하여 출제하기도 한다.

Ⅲ. 법조윤리 시험 공부법

○ 법조윤리 시험이 쉬운 시험이라고는 하지만 그래도 시험은 시험이다. 이 시험은 로스쿨에 진학하여 처음으로 응시하는 정규 시험이므로 시험에 대한 자신감을 가질 있도록 한 번에 바로 합격할 수 있게 준비하는 것이 좋다. 본격적으로 변호사 시험을 준비해야 하는 2-3학년 시기에 이 시험을 위해서 시간을 쓰는 것은 공부 일정에 지대한 타격이 있으므로 1학년 때 끝내는 것이 좋다.

○ 이 과목이 법조윤리 과목이므로 수업은 그 과목의 특성에 맞게 진행되더라도 수험 공부라는 측면에서는 철저히 수험 준비에 맞게 효율적으로 공부를 해야 한다. 먼저, 1학기의 수업에서는 수업 진도를 따라가면서 기본서를 전반적으로 정독을 한 후에 8월 초의 시험 전 1주일 정도를 수험 준비에 몰두해야 한다. 관련 법령을 1회 정독 후에 기출문제를 풀어보면 어느 부분이 주로 출제되고, 어느 부분을 집중적으로 공부를 해야 하는지 감이 올 것이다. 그 후에 집중적으로 출제되는 부분 중, 정리가 필요한 부분(예컨대, 수임제한이나 비밀유지의무, 광고 등)을 기본서나 문제집 등으로 정리해 나가야 할 것이다. 내 수업 중에 제공되는 정리 자료는 기출문제를 분석한 후에 수험용으로 정리한 자료이므로 학생의 정리 시에 충분한 도움이 될 것이다.

제20절

법문서 작성법

김성진

전북대학교 법학전문대학원 교수, 법학박사, 변호사, 노동법 전공

Ⅰ. 수업의 개요

1. 법문서 작성 수업의 목적

○ 법령, 판결문, 계약서 등 모든 법률 관련 자료는 글로 씌어 있으므로 훌륭한 문장을 쓰고, 설득력 있는 법문서를 작성하는 능력은 법률가에게 필수이다. 의뢰인과 상대방, 법원이나 검찰, 행정기관 등 법률가가 상대하는 모든 관계자들과의 의사소통은 대부분 법문서로 이루어지고 있다. 자신의 문장은 학교 시험에 있어서도, 실무가가 되어서도 최종적인 평가의 대상이다. 이와 같이 법률가로서 중요한 능력인 법문서를 작성하는 데 필요한 기초적인 기능을 익히는 것이 이 수업의 핵심이다.

○ 졸업 후 기초적인 법문서는 기성 법률가들만큼 작성할 수 있는 능력을 길러야 하므로 항상 법률가의 문장으로서 부끄럽지 않는 문장을 구사할 수 있도록 스타일을 갖추고 연구해야(법률가적인 글쓰기는 무엇인가 고민할 것) 한다. 로스쿨에서의 수업은 기본, 그 토대 위에 끊임없이 좋은 문장과 문서를 쓸 수 있는 능력을 갖추도록 노력해야할 것이다.

○ 법률가로서 사용하는 모든 법문서의 목적을 이해하고, 그 목적

에 따라 기재해야 할 내용이나 형식을 몸에 익혀야 한다. 형식적인 소송서류의 작성은 하드웨어적인 측면으로 이는 모의재판 혹은 로스쿨 이후 실무에서 다루어진다. 기초적인 양식은 대법원사이트, 실무서적, 로앤비 등 법령정보사이트에서 찾을 수 있다. 이 수업에서는 법문서 작성의 체계, 법률문장론, 논리적 추론 능력의 배양 등 소프트웨어적인 측면을 교육하는 것이 목표이다. 이론 중심보다는 구체적인 실습 위주의 수업이므로 문서를 기한 내에 작성 · 제출하는 습관을 몸에 익히는 것도 중요하다.

2. 법문서 작성을 통한 교육 효과

○ 문장력의 개선

- 문장력에 문제가 있는 학생의 경우 훈련에 의해 문장력 개선
- 실무가로서의 문장은 개성 이전에 우선 표준적인 스타일이 있고, 이를 선배로부터 훈련을 받아 몸에 익혀야 함.

○ 이론을 실무적으로 확인

- 문서 작성을 통해서 법 해석이나 요건 사실의 이해를 종횡으로, 실무적으로 확인
- 구체적인 사례를 기초로 법률 문서를 작성하는 것은 법적인

이해의 정도를 확인할 수 있는 방법

II. 법문서 작성법

○ 훌륭한 법문서는 상대방을 설득할 수 있을 정도로 충분한 정보를 논리적이고 체계적으로 작성한 문서

1. 법문서의 구성 체계

가. 작성 전 고려 사항

- 논문을 작성할 때처럼 작성 전에 미리 체계를 설계
- 단락을 구분하고 소제목을 부여 → 어떤 쟁점을 어느 위치에서 다룰 것인가 고려(예컨대, 계약상의 책임, 불법행위 책임 중 어느 것을 먼저 다룰 것인가)
- 중점적으로 다룰 사항과 부수적으로 처리할 사항의 구별
- 형식의 구비: 법령이 정하거나 관행에 따라 정해진 문서 양식에서 요구하는 사항을 빠짐없이 기재
- 논리를 전개하기 전에 꼼꼼히 검토하고 신중히 생각하라. 해당 사례가 일반적인 법령이나 법 이론, 판례 입장에 해당하는

사례라고 선입견이 들더라도 성급히 결론을 내리지 말고 신중해야. 다른 예외 규정이나 이색적인 판례가 있는지 혹은 상대방의 대응 논리까지 염두에 두고 논리를 전개하라.
- 체크리스트를 작성(메모 습관)

나. 글의 서두

- 앞으로 전개될 추론 과정의 대략을 미리 밝혀두라. 전체의 법적 추론 과정을 미리 밝혀주는 것이 독자의 이해에 편하다. 문서 전체가 논리적으로 잘 짜여 있다는 느낌을 주는 것은 작성자에 대한 신뢰를 줄 수 있다.
- 쟁점의 정리: 사건의 중요 쟁점으로는 어떠한 것이 있고, 그 외의 법률요건들은 해당 사안에서는 특별히 문제 삼지 않겠다.
- 중요 쟁점을 우선적으로 다루라.

다. 법률 정보의 활용 방법

- 각종 자료의 중요도를 명확히 구별해서 이용하라(법 규정 → 판결 → 실무가나 학자의 개인 저술).
- 대법원의 입장을 명확히 이해하기: 하급심보다는 대법원이 선고한 것, 선고일이 최근인 것 우선, 주어진 법적 쟁점이 해당 판결에서 단순히 방론으로 다루어진 것보다는 주된 쟁점으로 다루어진 것이 우선

라. 논증 체계

○ 법적 삼단논법 - 법적 논증 과정의 기본

- 1단계: 대전제인 '법'의 확정
- 2단계: 소전제인 확정된 사실관계를 대전제에 대입
- 3단계: 결론 도출

○ 5단계 변론술: 도입 → 진술 → 증명 → 반론 → 결어

- 변형 1: 도입 → 진술 → 증명 → 결어
- 변형 2: 진술 → 증명 → 반론 → 결어

- 도입: 화제, 문제를 내세우는 것
- 진술: 주제를 풀이하는 것
- 증명: 설득할 예를 보이는 것
- 반론: 예상되는 반박이나 보충
- 결어: 대단원

마. 유의사항

○ 근거를 명확히 하라 - 논리적인 비약은 금물!

- 구체적인 근거가 없거나 부족한 상태에서 자신의 임의적인 판단을 근거로 주장하지 마라.
- 주장과 논리적 · 기능적으로 관련성이 없는 근거를 대지

마라.

○ 주장을 명확히 하라.

- '이럴 수도 있고 저럴 수도 있다'는 식으로 말하는 것은 법률가로서의 책무를 다했다고 할 수 없다.
- 반대로, 확실한 결론을 내리기 어려운 상태에서 무리하게 어느 한쪽으로 결론을 내는 것도 문제가 있다. 결론을 내리기 어려운 경우에는 여러 가지 가능성(긍정 혹은 부정)에 대한 추론 과정, 근거 등을 자세히 제시하고, 어느 쪽이 더 유력한지에 관한 판단의 근거를 제시하라.
- 무엇이 옳고 그른가를 판단할 때, 반드시 스스로 판단하고, 자신의 판단을 법원, 행정청, 유력한 학자나 실무가의 판단으로 대체하지 마라.

○ 분량

- 너무 짧은 경우에는 독자의 입장에서는 유용성 여부는 차치하고, 우선 기본적인 성실성에 관한 문제가 제기될 수 있다.
- 너무 긴 의견서의 경우는 분량에 상응하는 좋은 반응을 기대하기 어렵다.

○ 법문서의 목적에 적합한 내용으로 작성하기

- 법률 문장을 작성함에 있어서는 그 글의 모든 구성 요소들은

그 글을 작성하는 목적, 그 글을 통하여 말하려고 하는 핵심적인 내용을 중심으로 하여 유기적으로 구성되어 있어야 한다.

- 상대에 따라 필요한 내용만을 기술하라.
- 일반인에게 불필요한 법률 지식을 장황히 설명하지 마라.
- 독자에게 법률 개념을 설명하면서 의견서가 작성된 목적을 넘어서는 정도의 불필요한 정보까지 제공할 필요는 없다.
- 문서에, 관련된 법조문과 판례를 한꺼번에 인용하여 놓고 논의를 시작하는 경우도 있는데 이는 불필요하다.
- 사실관계와 법률 지식은 유기적으로 연결되게 쓰라.

○ 글을 쓴 후 독자의 입장에 서서 되풀이해 읽어라. 자신의 논리적 사고로 스스로를 확신시키는 것과 자신의 생각을 다른 사람에게 납득시키는 것은 분명히 다르다. 글로 다른 사람을 납득시키려면 글을 읽는 상대의 관심과 배경지식 등을 고려해야 → 쉽고, 정확하게 잘 이해되는 글인지 검토는 필수.

2. 법문서의 내용

○ 필요 · 충분한 정보가 과부족 없이 포함되어 있어야 한다.

- 중요 사항이나 쟁점에 대한 강조, 부수적인 사항의 간소화

- 장황한 상대방의 주장이나 사실관계, 길고 복잡한 판례나 판결의 핵심을 정확히, 적절한 분량으로 요약하여 전달하는 능력이 중요하다.
- 판례 내용을 그대로 인용하지 마라.
- 요약은 기존의 내용을 단순히 다시 서술하는 것이 아니라 복잡한 사건의 내용과 하나의 판단에 이르는 과정의 핵심을 쉽게 파악할 수 있게 일목요연하고 분명하게 전달해야 한다. 정보의 핵심을 필자 자신의 언어로 정확하고 명료하게 풀어쓰는 것이 중요하다. 이것은 다음 단계인 세밀한 분석이나 평가 그리고 자신의 의견을 확장하는 데 필요한 준비 단계다.

○ 가장 중요한 것은 상대방이나 판단자에게 설득력을 갖게 하는 것이다

- 무리한 논리 전개, 무리한 주장을 하지 말 것.
- 자신의 주장이나 상대방의 논리에 대한 반박은 합리성에 기초할 것.
- 자신의 논리상의 허점과 과오를 인정할 것.

Ⅲ. 법률 문장 작성법

1. 훌륭한 법률 문장은, 간결하고 정확하게 서술하되 독자가 이해하기 쉽게 작성된 문장

- "짧게 쓰라, 그러면 즐겨 읽으리라. 쉽게 쓰라, 그러면 얼른 이해하리라. 그리듯이 쓰라, 그러면 오래 기억하리라."
- "왔노라, 보았노라, 이겼노라."(카이사르가 이집트 원정 후 원로원에 보낸 보고서)
- "--?", "--!"(노틀담의 꼽추를 쓴 위고(V. Hugo)가 출판사에 보낸 편지와 그 답장. 내가 쓴 책 잘 팔리나? 그렇다!)

2. 간결한 문장 쓰기

○ "간결은 지혜의 정신이다."(셰익스피어)
- 간단 · 명료한 표현과 단문 사용
- 단, 지나친 생략과 축약된 표현은 오해를 야기하기 쉬우므로 풀어서 표현한다. 하나의 상세한 장문보다는 단문의 여러 문장을 사용하여 상세하게 기재하라.
- 중복, 만연체는 독자의 시간을 낭비하게 하는 것이다.

- 수험 문장 역시도 간결하게 해라(문제는 무엇이다 → 생각해 본즉, 이러이러하다 → 하지만 어디에 문제점이 있다 → 그러므로 이렇게 하면 해결된다).

○ 요령
- 주제로 직행하기
- '주어 + 서술어'만의 표현. 주어-서술어의 거리를 좁히기.
- 단정법으로 매듭 짓기
- 장문의 내용을 요지, 요점 중심으로 한두 마디로 요약하기

3. 쉬운 글로 쓰기

○ 법률 문장은 실용문 → 빠른 이해와 전달이 필수!

○ 단문 주의
- 핵심 내용만 최소의 문자로 쓰기
- 한 문장을 60자 넘지 않게 쓰기
- 장문은 두 문장으로 쪼개기

○ 일문일사一文一事주의: 하나의 문장에 한 가지 사건 · 사실관계만을 기재하기

- 주제로 직행하라.
- 꾸밈말이 많지 않아야 한다.
- 주어와 술어가 가까이 있어야 한다.
- 법률 문장의 기본은 주어와 술어가 분명해야 한다.

○ 일문일사一文一思주의: 하나의 문장에 하나의 생각 · 주장만을 담기

- 하나의 짐차엔 한 가지 물건만을 실어야 내릴 때도 편하다.
- 열거할 사항이 많을 경우엔 독립된 별항으로 쓰라.

○ 쉬운 용어 쓰기

- 전문용어는 최소한으로, 단순하고 평범한 용어를 구사하라.
- 법률가들 사이의 표현과 일반인에 대한 표현의 구별

○ 선결후설先結後說: 먼저, 결론을 쓰고, 후에 설명을 붙이기

- 두괄식 문장으로 쓰기
- 그 반대의 경우는 끝까지 읽어야 내용을 알 수 있기에 경중을 가려 읽을 시간 절약에 장애가 되고, 서론이나 전제가 길 경우 읽기에 버거워 이해에 비효율적이다.

○ 직접 수식의 표현으로

- 어려운 실용문 속의 법률 문장(간접 수식) → 어려운 법률 문

장(직접 수식)

- 수식 관계를 분명히 하자. 정확히 쓰자. 가까이 놓자.

○ '단서'나 '조건'은 다른 문장으로

"피고인의 자백이 고문 · 폭행 · 협박 · 구속의 부당한 장기화 또는 기망 기타의 방법에 의하여 자의로 진술된 것이 아니라고 인정될 때 또는 정식재판에 있어서 피고인의 자백이 그에게 불리한 유일한 증거일 때에는 이를 유죄의 증거로 삼거나 이를 이유로 처벌할 수 없다(헌법 제12조 제7항)."

→ 다음의 경우에는 유죄의 증거로 삼거나, 처벌할 수 없다

가. 피고인의 자백이 고문 · 폭행 · 협박 · 구속의 부당한 장기화 또는 기망 기타의 방법에 의하여 자의로 진술된 것이 아니라고 인정될 때

나. 정식재판에 있어서 피고인의 자백이 그에게 불리한 유일한 증거일 때

○ 지나친 반복을 피하라.

○ 선중후경先重後輕: 어떤 조건이나 근거들을 병렬적으로 나열할 때에는 중요한 것을 앞에 둔다.

○ 쉼표나 문장부호를 효과적으로 이용하기.

- 쉼표는 호흡상, 문법적 필요가 있는 경우에 쓰라.

"법조인 그들은 나라를 떠받치는 큰 기둥이고 겨레를 올곧게 이끄는 큰 등불이어라."
→ "법조인! 그들은, '나라'를 떠받치는 큰 기둥이고, '겨레'를 올곧게 이끄는 큰 등불이어라."

4. 정확하게 쓰기

- 작성자에 대한 신뢰 증대
- 작성자의 의도가 상대방에게 오해 없이 전달되도록 주의
- 명확하고 직접적인 용어를 구사
- 주관적인 표현이나 모호한 표현을 피한다.
- 주어와 술어가 일치하는지 확인하라.
- 문장의 성분(조사)을 축약하지 않는다.
- 기술의 대상을 특정(주체, 때, 장소, 사항을 특정)하는 것
- 올바른 국어를 사용. 문장법과 맞춤법 준수

① 10년형을 언도받은 피고인과 공범인 A는"
② 10년형을 언도받은, 피고인과 공범인 A는"
(문제) 위 예문의 경우 10년형을 언도받은 사람은 누구인가?
→ ①은 피고인, ②는 둘 다 10년형을 언도받았다.

"장남은 부친의 유산에서 8,000만 원의 주식과 예금 중의 5,000만 원을 가진다"

(문제) 위 예문에서 장남이 가질 수 있는 돈은 1억 3,000만 원인가, 5,000만 원인가?

→ ① 1억 3,000만 원을 가지는 경우: "장남은 부친의 유산에서 8,000만 원의 주식, 예금 중의 5,000만 원, 합계 금 1억 3,000만 원을 가진다"

→ ② 5,000만 원을 가지는 경우: "장남은 부친의 8,000만 원의 주식이나 예금 중에서 5,000만 원만을 가진다"

5. 기타 유의 사항

○ 접속어의 과용 금지

- 글의 흐름이 자연스럽게 이어지도록 하되, 꼭 필요하지 않으면 접속어를 쓰지 않는다.

○ 자신 있는 표현

- '~것 같다', '~편이다', '~라고 생각한다' 등의 다용은 금물

○ 어울리지 않는 경어의 사용 주의(~해 주십시오√. ~해 주셨으면 합니다. ~해 주시기를 바랍니다)

○ 구어체를 그대로 문장으로 쓰는 것은 자제. 단, 구체적인 상황 묘사가 필요할 경우는 구어체 사용.

ㅇ 사실관계의 기술은 - 시간의 순서에 따라 쓴다.

ㅇ '가'를 다용하지 않는다. 주어를 나타내는 조사의 기본은 '는'이다.

ㅇ 수동태보다는 능동태를 구사하라(독자의 관심을 끌기가 용이하다).

6. 구체적인 문장 체계

ㅇ 결론, 요지 → 사례, 구체

ㅇ 결론, 요지 → 단서, 조건

> "국가안전보장에 관련되는 대외정책 · 군사정책과 국내정책의 수립에 관하여 국무회의의 심의에 앞서 대통령의 자문에 응하기 위하여 국가안전보장회의를 둔다(헌법 제91조 제1항)."
>
> → "국가의 안전보장에 관한 대외정책 · 군사정책과 국내정책의 수립을 위하여 국가안전보장회의를 둔다. 이는 대통령의 자문을 위한 것으로, 국무회의의 심의 앞에 연다."

ㅇ 결론 → 설명, 분석

"나는 그녀가 이혼녀이고, 대학도 E대라고 속였으며, 초등학교 3학년 때 옆 학생 돈 2,000원을 훔쳤으므로 그녀와의 약혼을 파기했다."

→ "나는 그녀와의 약혼을 파기했다. 그 이유는 그녀가 이혼녀이고, 대학도 E대라고 속였으며, 초등학교 3학년 때 옆 학생 돈 2,000원을 훔쳤기 때문이다."

○ 열거할 사항이 많을 경우

"국회는 상호원조 또는 안전보장에 관한 조약, 중요한 국제조직에 관한 조약, 우호통상항해조약, 주권의 제약에 관한 조약, 강화조약, 국가나 국민

에게 중대한 재정적 부담을 지우는 조약 또는 입법사항에 관한 조약의 체결 · 비준에 대한 동의권을 가진다(헌법 제60조)."

→ "국회는 다음 조약들의 체결 · 비준에 대한 동의권을 가진다.

1. 상호원조 또는 안전보장에 관한 조약
2. 중요한 국제조직에 관한 조약
3. 우호통상항해조약
4. 주권의 제약에 관한 조약
5. 강화조약
6. 국가나 국민에게 중대한 재정적 부담을 지우는 조약
7. 입법사항에 관한 조약

전북대학교 로스쿨 교수 20인이 말하는

로스쿨 법학 공부 방법론

지은이 김민중, 송기춘, 조성규, 김용섭, 이은영, 태기정, 김학기, 양기진, 송문호, 김태명, 조기영, 이혼재, 김영문, 박수영, 배정생, 송양호, 유진식, 최동배, 이호근, 김성진
펴낸이 김동원
펴낸곳 패스메이커

초판 1쇄 발행 2017. 7. 15
초판 2쇄 발행 2019. 10. 31

패스메이커 전라북도 전주시 완산구 어진길 32 (풍남동2가)
전화 (063) 219-5321~2
FAX (063) 219-5323
출판등록 2012년 8월 20일 제465-2012-000021호

값 13,000원

ISBN 979-11-87892-35-9 13360

이 도서의 국립중앙도서관 출판예정도서목록(CIP)은 서지정보유통지원시스템 홈페이지(http://seoji.nl.go.kr)와 국가자료공동목록시스템(http://www.nl.go.kr/kolisnet)에서 이용하실 수 있습니다. (CIP제어번호 : CIP2017015215)

· '패스메이커'는 전북대학교출판문화원의 임프린트입니다.